“十二五”国家重点图书出版规划项目

境外社会工作介绍丛书

高鉴国 主编

Hong Kong · China

香港社会工作

黄智雄 主编

中国社会出版社
国家一级出版社 全国百佳图书出版单位

总 序

社会工作是通过对有身心需要的个人和群体提供照顾、保护、辅导，来帮助他们改变生活困境的专业行为。它包含职业（或专业①）和学科两种含义。作为一个职业，社会工作与社会福利、人类服务等领域相互交叉，指那些协助个人、家庭、团体、社区适应社会环境，增强或恢复其社会功能的专业化服务活动。这些专业服务本身形成一门职业，需要完成相应学历，并经过注册或资格认证的社会工作者来承担；社会工作在各国和地区高等教育中已被普遍确认为一门应用性学科，广泛应用于研究和教学领域。

社会工作在现代化国家经过了一个从无到有、从小到大的过程。英国可称为现代专业社会工作的发源地之一。自 1601 年伊丽莎白“济贫法”开始颁布实施，英国政府便开始正式介入针对特殊群体的救助、保障和福利事业的组织和管理，由政府提供的社会服务由此发端。这一举措有助于催生现代社会工作，那时从事各类救助事业的人可被视为今天社会工作者的先驱。专业社会工作不仅起源于早期慈善活动，也起源于护理、精神健康、社区发展等事业。在欧美国家，社会工作来源于 19 世纪末各种志愿性、慈善性、专职性的社会救助事业，如英国，1869 年成立的慈善组织协会（COS）开始运用针对个人问题的个案工作方法；安置运动和青年俱乐部运动所使用的工作形式可被看作是小组社会工作的雏形；皇家义务医院 1895 年开始雇用专职施赈人员甄别哪些病人自己能够承担医疗费，哪些病人需要免费救助，这些医院施赈人员便是医院社会工作者的前身；

① 在汉语定义中，“专业”有职业和学科两种含义。在英文中，professional（专业）指一种技术性职业，与教育学科相区别。

住宿照顾社会工作则起源于救助被遗弃儿童的志愿组织等。

通过这些过程，人们发现，社会工作发育程度——职业化、专业化和专门化程度往往与一个社会的发展水平和制度结构相适应，受到各种社会因素的影响。如果社会结构并没有提供社会工作的基本条件，社会工作职业化和专业化就会受到极大的限制，难以发育和成长。而当社会结构中适合社会工作发展的因素不断出现、成熟时，社会工作事业和学科便会出现新的飞跃。认识社会工作的作用和功能，必须了解其发展过程及其与社会基本结构的关系。

本丛书旨在介绍英国、瑞典、挪威、美国、加拿大、澳大利亚、日本等国家以及我国台湾和香港地区的社会服务、专业社会工作者、社会工作教育等方面的情况。从目前各国和地区的发展状况看，社会服务日益渗透到社会生活各个领域和人群（家庭和儿童福利、老人服务、康复服务、青少年服务、社区服务、医务服务和犯罪辅导等），服务的覆盖面广泛，服务的方法专门化；专业社会工作成为正式职业，社会工作者普遍掌握专业实务知识和人际沟通技巧，职业身份受到法律保护；专业社会工作者的资格需要通过高等教育来获得，由于更高的学历和学位成为许多社工职位的标准（例如行政管理、人员培训等职位需要社会服务政策或管理硕士，学院和大学的教学和研究职位要求社会工作博士学位），高校社会工作学历教育的层次也日益升级，出现多样化和专门化分工趋势。

各个国家和地区社会工作发展的进程不完全一样，各自形成一些特色，共同为国际社会工作事业作出了贡献。英国作为最早开始工业化、现代化的国家，也是社会工作最先发展的国家。英国近代慈善组织和社会服务模式往往延伸和影响到美国和加拿大。美国"社会工作之母"简·亚当斯（Jane Addams，1860—1935）和玛丽·瑞奇蒙德（Mary E. Richmond，1861—1928）都吸取了英国慈善服务的具体经验继承了其传统。瑞典现代社会工作则是一种被纳入"福利国家"的服务模式，主要特点有：(1)形成普遍性、义务性的社会服务体系，强调保证公民的平等权利和较好的生活待遇；(2)以国家供给为主体，大多数社会服务机构由政府开办，社会工作者受政府直接雇用，非政府组织所承担的社会工作服务居于补充地位；(3) 服务管理和财政来源主要集中于地方市级政府，国家和省级政府参与承担医疗保健、教育、矫治等方面的社会工作服务；(4) 由于高水平的社会服务需求，瑞典的社会工作教育得到了较为充分的重视和发展，在高等教育中社会工作专业或学科具有相对突出的地位。瑞典有着“欧洲最先进而完整的社会工作制度”①，集中体现了“社会民主主义福利国家”模式下的平等、公正和去商品化取向。

目前在西方国家，“社会工作者”称呼受到法律保护，只有在政府或专业协会注册管理机构获得资格认证后的专业人士才能使用该称呼。美国最早在20世纪50年代初开始推行注册制度（Licensing）。获得社会工作学士学位（BSW）通常是得到社会工作者就业资格最起码的要求。一些卫生健康机构及临床工作的岗位通常需要社会工作硕士（MSW）学位资格。社会工作者注册制度正向更多的国家推广，并执行更高的专业标准。根据英国《照顾标准法》（2000年），自2005年以后社会工作者必须经全英社会照顾理事会注册，否则不能使用“社会工作者”称号；在精神健康部门，用“精神卫生特准专业人员”取代“特准社会工作者”（Approved Social Worker）②，以扩大社区精神护理、职业理疗、心理学等其他专业人员在精神卫生部门的参与。这也反映了当代社会工作与精神卫生领域日益密切的联系和团队协作方式。

香港地区在社会经济发展过程中，吸取英国社会福利的一些经验做法，建立了较发达的现代社会服务体系。政府在社会服务领域行使主导、主管职能，提供财政支持、行政监督和法律服务；具体

---

① 林万亿．当代社会工作——理论与方法〔M〕．台北市五南图书出版股份有限公司，2002：119.

② 在香港，称“许可社会工作者”。英国制定《精神卫生法》（1983），设立“特准社会工作者”，从事精神卫生社会工作服务，执行法律所制定的责任事项。特准社会工作者通常要接受一年的专门培训，在精神疾病患者的评估和监护中起着重要作用。2007年以后，由“精神卫生特准专业人员”的职称取代。

的社会服务则交由民间机构来提供，发挥民间服务机构的作用，培育社会自我服务、自我教育的机制和能力，将政府部门的社会责任与民间组织的弹性运作相结合。香港地区民间社会服务单位多达3800个，组织承担着80%的社会服务工作，吸纳了超过60%的注册社工就业①，为各类社会工作者提供了巨大活动空间。台湾地区的专业社会工作制度起步于20世纪60年代，晚于香港地区；到1997年通过台湾地区《社会工作师法》，标志着台湾地区的社会工作制度已经进入成熟阶段。台湾地区早期和现在很多社会工作教授、学者到欧美留学归来，从教学内容和研究方法上更多地接受了西方国家的知识训练。在吸取现代西方社会工作知识和理论体系的同时，也面临着协助发展本土化服务计划，建构本土需求为导向的教学内容的重要任务。

各国和地区社会工作事业面临着一些共同的难题：在大多数福利国家中，社会服务消耗的公共开支的比重较大。当出现经济萧条或政府开支赤字时，服务项目和社会工作者的职业地位往往得不到充分保证。社会发展一方面需要有知识、有能力的社会工作者；另一方面，社会服务劳动力的价值得不到更高承认和保护。各国和地区政府越来越愿意将自己的没有竞争优势的服务交给社会上的第三方（社区、NGO或私人组织等）承担，即由原来发生交易或联系的双方之外的独立机构提供。这导致与政府和医院等公共部门的社会工作者相比，“第三方”社会工作者被较多纳入“短期契约工”，收入较低，安全感也比较低。在全球化条件下，各国和地区社会工作者需要进一步提升自己的服务能力和品质，达致更高的社会和专业目标。

尽管本丛书各册的篇幅不大，但要在较短的时间内完成编写并不容易。各册作者作为社会工作专业教育工作者，为丛书撰稿付出艰辛的努力。中国社会工作的专业和职业实践起步不长，能够收集

---

① 王建军，甄炳亮. 赴香港社工专业化职业化考察报告，民政部网页：“社会工作和社会工作人才队伍建设”专栏（“他山之石”专题）。

到的资料有限，大部分作者也没有直接的海外经验，因此对各国（地区）社会工作的理解和介绍，肯定还有不够全面和深入之处。但愿本丛书能够起到开阔眼界、抛砖引玉的作用，对广大读者了解各国（地区）的专业社会工作和社会服务事业提供一些有益的帮助。也期待今后有更多更好的各国（地区）社会工作经验介绍和比较研究成果出现。

高鉴国

2012 年 4 月 15 日

目 录

第一章　香港社会福利政策的发展历程

现代社会工作的发展，主要是源自于西方社会，以及受基督教教会的影响。而其中英美两国的教会所办理的慈善和救济事业，更是直接影响到社会工作的建立和发展。在社会工作慢慢建立之后，也就自然会发展为长远性的政策制定。现在，首先回顾历史中的社会工作，是如何开始的呢?

第一节　香港社会福利政策缘起

一、社会工作的由来

追溯社会工作最近的历史，可以由 16 世纪及 17 世纪英国的“济贫法（Poor Law）”说起。在 1531 年，英王亨利八世为了处理社会经济不景气的问题，而颁布了一条新法例，规定市长及太平绅士帮助贫穷老人及靠接受救济的人，并禁止一些健全的失业者行乞，并送他们回原居地安排工作。到了 1536 年法例修改，他又指示当地政府及教会负责帮助贫困病患者。可是，救助贫民的需要却一直没有减少。政府为要负起社会责任，先后在 1563 年到 1576 年间，颁布了几条处理救助贫民的法例，直到 1597 年及 1601 年，英国政府将之前各种有关贫民救济的法例重新整理，编制成为“伊丽莎白法案 39 条（Acts of 39 Elizabeth）”及“43 条（Acts of 43 Elizabeth）”，通称为“伊丽莎白济贫法（Elizabeth Poor Law）”。

法例的主要规定是提倡地区照顾，即是指每一个所属的牧区，由一位被委任的监督（Overseer）负责在牧区内收集每星期天的捐赠和奉献，分派去供养那些不为亲属供养的贫民。后来“济贫法”的出现，将过去救助贫民的责任，由教会转移到政府身上，开始了政府承担公共救济的模式，也成为日后英美两国在建立公共救助模式时的参照。在“济贫法”的分类中，法例规范了三种受助者，分别是：健全的贫民、无能力工作之贫民以及失去依靠之儿童。这些分类是为了让那些可以参与劳动的贫民有工作、提供救济所给无力工作之贫民以及照顾需依靠之儿童并教授谋生技能，长大成人后可以投入工作。“济贫法”一直持续运作了300多年，在1934年才在议会中作出修正，成为“新济贫法（The New Poor Law）”，可以说，它一直影响着欧美各国的公共福利事业的发展。

“济贫法”的出现展示了政府主动负起贫民基本需要之责任，也以此取代以往教会所担当的重要责任。可是，因为法例仍未完善，再加上工业革命的影响，失业与贫民的问题并未得到妥善的解决，因此反而更引起了社会大众对此的关注尤其是教会人士，更是积极参与救援工作。他们主要关心的范围包括有：饥饿问题、贫民区人士、失业人士、劳工问题、精神病患者、伤残人士、囚犯自新及孤儿寡妇等的社会问题。

于是，在18世纪末及19世纪初的这段期间，不同类型的救济和慈善组织也因此而相继成立，例如1844年成立的“男青年会（YMCA）”，救世军创办人卜维廉（William Booth）于1865年创立的“基督教复兴会（Christian Revival Association）”，1877年成立的“女青年会（YWCA）”，卜维廉的儿子巴灵顿（Ballington）于1896年在美国建立的“美国义务工作（Volunteers of America）”等，这些组织对日后的社会工作发展打下重要的基础。

其间不同的组织对社会都作出了重要的贡献，例如1864年成立的“伦敦慈善会救济会协会（London Charity Organization Society）”，其创办人之一的奥太维亚希尔女士（Octavia Hill）便推出了一个称为“友谊租金收集制（Friendly rent collecting）”，以改善贫民区的一种房屋。而另外的一位创办人巴纳特（Vicar Barnett）牧师则创立了著名的“汤恩比馆（Toynbee Hall）”，这成为日后“贫民睦邻安置所（Settlement house）”的工作典范。他们两人的工作，被称为社会工作中的“小组工作手法（Social group work）”，而这样的模式对之后美国同类工作的发展，有着重要的影响。

不过，这些如雨后春笋般的慈善组织的出现，同时也引起了一些问题。因为它们各自运作，缺乏联系和协调，以致彼此时有冲突，而工作上的重叠也造成了资源浪费，以致时而出现混乱的情况。于是在 1868 年索理牧师（Rev. Henry Solly）倡议成立一个理事会（Board），以便协调政府与民间各式各样的慈善组织的活动，而到了 1869 年，“伦敦慈善救助暨压抑行乞协商会（The Society for Organizing Charitable Relief and Repressing Mendicity）”成立，并于同年易名为“慈善组织协会（Charity Organization Society，COS）”。而在美国的慈善组织也受到英国方面的影响，例如哥田牧师（Rev. S. H. Gurteen）便参考了英国的组织，在 1877 年成立了“水牛城慈善组织协会（Buffalo Charity Organization Society）”。

综观当时的慈善组织的成立和发展，都为日后社会工作的发展提供了深远的影响。例如各地区成立的“中央登记局（Central Registration Bureau）”的工作方法便是其一；另外，小心保留个案的记录、尊重服务对象为一个独立体、为个人制订计划、以复康原则来处理问题、分析问题之缘由、为社会诊断等的手法，也就是后来社会工作中的“个案工作手法（Case work）”。

二、社会福利政策出现

当然，社会问题是不同国家和地区在发展的历程中都必然会出现的事情，而应变及处理有关困难的责任，一般便由政府或民间自发组织的团体来承担。关于社会问题的对应方法，我们一般使用"社会福利"、"社会服务"以及"社会工作"这三个名词来阐明，虽然它们所指向的都是同一件事情，不过在使用的层次上是有分别的。

从一个广阔的定义去理解，"社会福利（social welfare）"的目的是促进人们幸福的行动，这包括某一国家和地区的政策和其中社会大众所持的理念。这种政策和理念旨在增进社会上每一个人的生活质量和能力，包括衣、食、住、行、育、乐和潜能发展等各方面①。"社会服务（social service）"所推行的各种方案、活动、项目和程序，就是根据某一国家和地区的社会福利政策和民间的社会福利理念而产生。这些社会服务的程序，需要依据社会工作专业的知识、伦理、方法及技巧，来确保其在社会中有效地实施出来。"社会工作（social work）"最初源于慈善事业和救济事业，后来发展成为一个专业的知识体系，包括了专业伦理、知识、方法及技巧。这些专业知识和技巧，乃根据现代民主社会哲理和社会组织的原则、原理、人类行为的科学知识、专业诊断和治疗的原则及技巧，从而产生协助他人和改善环境的功能。社会工作也就成为一种用来强化社会福利政策和增进社会服务成效的专业工作。

社会福利的政策和理念的实现，必须透过社会服务的活动才能逐步达成，而一个国家和地区的社会福利需要由政府和民间共同努力和合作推行；也就是说，其实际的施行可以来自政府或是民间志愿团体所举办的组织。现代一般国家和地区提供社会服务的范围，包括教育、房屋、医疗和劳工服务等；其中的服务一般以受助对象再作分类，例如，公共援助、特别需要津贴、家庭服务、青少年工作、儿童照顾、康复服务、社区发展和老人服务，等等。对于这些社会服务的有关政策，也就成为社会福利政策。

由此可见，社会福利政策的形成，是需要由社会本身之福利服

---

① 这段有关"社会福利"、"社会服务"以及"社会工作"的定义参考自周永新．社会工作学新论〔M〕．香港：商务印书馆，1994：30.

务以及其间发展的制度中慢慢建立起来，这必然经过一段漫长的历程。今天的政府要制定一套社会政策，或是推行社会服务的时候，除了综合过去的历史，更可以配合运用社会科学和社会工作的理论。在业界便有一个通称为 PPPS 的模式，来描述社会政策产生的过程：①

1．社会问题的定义（Problem definition）

厘定社会政策的目标，首先由清楚定义社会问题开始。透过社会科学理论的运用，可以帮助我们去了解社会问题、其成因及与社会、经济和政治间的互动关系。

2．社会政策目标的厘定（Policy definition）

我们需要分析社会中的一些现象并找出其背后的原因，从而针对那些造成问题的社会因素，以及寻找有效的对策去处理或是改善社会问题。

3．社会服务的计划（Programme planning）

在制订社会服务计划中，包含了不同方面的考虑和决定。例如，该项社会服务应该由政府部门还是非政府的志愿组织提供？若是后者（非政府组织）的话，政府提供的资助，应该给予地区性组织还是跨地区性组织呢？另外，也需要决定该项服务受惠的对象，是给予所有香港的公民，还是指定某个类别的人士呢？最后，我们还需要利用不同的相关理论来了解及分析各种由社会、经济及政治力量是如何影响着所提供的社会服务。

4．社会服务与社会工作的推行（Service delivery）

社会工作可以利用的理论有很多，如何从理论带出应用，以协助工作的进行、制定工作手法的指引、找出决定工作的切入点，都是社会工作者所关心的。可是，不论任何时期都不能够确定现时的知识和理论是完全足够的。所以，社会工作需要不断地研究、验证和改善，而社会工作者也应时刻抱持客观的态度，以及对其工作作

---

① 周永新．社会工作学新论〔M〕．香港：商务印书馆，1994：31。

出有系统的评估。这样才可以对社会工作的理论提供贡献，并增加日后社会工作的效用。

现时，香港社会政策是以服务的类别来划分，就每项服务组成相关的委员会。这些委员会负责向政府提供意见或制定政策，并没有实际的执行权力，所以是属于咨询性质的。例如，关于教育方面的服务，便由教育统筹委员会负责提供意见；医疗方面，有医疗发展咨询委员会；劳工事务方面，有劳工顾问委员会；公共房屋方面，有房屋委员会，这是唯一不属于咨询性质的委员会。至于在社会福利方面，则有社会福利咨询委员会。如果委员会有任何提出的建议，首先会在立法局进行辩论，而那些需要政府拨款的，更必须得到立法局财务委员会通过才可。若有任何落实的政策需要执行，便由不同的政府部门负责，社会福利署便负责执行有关福利的政策。[①]

第二节　殖民地时期香港社会福利政策的发展

香港的繁荣和发展是自 1843 年实施的贸易自由港政策开始的。香港社会的经济和政治，在影响社会福利的发展。其中又以第二次世界大战和 1997 年香港回归这两件重大的历史事件，使香港社会出现大方向的转变，也就将香港社会福利的发展划分了不同的阶段。

一、二次大战之前的福利事业

第二次世界大战以前，香港主要是一个商埠，由西方国家来的货物要经香港运进中国，而中国的出口也会经香港转到外国。这种以转口贸易为业的地方，流动人口多，他们到香港只为经商，大部分家庭都仍是在中国的家乡。所以，各式各样的同乡会和宗亲会因此而成立，以便同乡之间可以彼此照应，功能就类似宗族的祠堂一

① 周永新．社会福利的观念和制度〔M〕．香港：中华书局，1990：68.

般。另外，当时的社会经济发展仍是处于困难阶段，有不少老弱、伤残者都需要被照顾，或提供教育的机会，也促使相关的慈善机构（包括了外来的以及香港本土的）成立。当时的慈善和救济的工作，都是针对迫切的需要而提供具体的帮助，可以说，那时候仍然没有确定长远政策的概念。

（一）华人同乡互助之传统

各个华人社团在这期间陆续成立，它们组成之主要目的以及所提供的社会职能，都是以保护自身利益为前提，大致上又可以分为街坊、商工、慈善、秘密结社等四类，其中以商工团体居多，而东华医院的影响最大。此外，早期华人社会组合的形式通常是以地区来划分，邻近地区的街坊会组成街坊公所。这种组织有着协调邻里关系和办理社会福利的功能，主办的人多数是富商或买办，而街坊们一般会以庙宇为集会和议事的地方。在 19 世纪 70 年代初，街坊公所成为华人社会最有影响力的团体，甚至于可以充当商业纠纷的仲裁者。①

1. 义庄

由 19 世纪到抗日战争之前的香港，社会中的华人多为流动经商，他们只身在香港生活，有病倒的甚至死亡的时候，便需要依靠同乡的救济。社会因而要面对有关安葬的问题，致使当时有不少义庄的出现。香港最早的义庄是 1875 年由文武庙值理捐款兴建的，因为选址于牛房的附近，故起名为“牛房义庄”。其后文武庙值理将“牛房义庄”移交东华医院管理，让服务变得系统化。因为原来的地方不敷应用，到了 1900 年转址薄扶林大口环，命名为“东华义庄”。②

2. 东华三院

东华医院当时承办义庄施棺代殓，是为了让当时贫穷者在死后

① 刘蜀永．简明香港史（新版）〔M〕．香港：三联书店，2009：96．

② 陈天权．香港历史系列〔M〕．香港：明报，2010：175．

得到基本的尊严，以达成他们回乡安葬的遗愿。此外，东华医院也帮助照顾那些生病的华人，而开始设立赠医施药的服务，最后更成为香港第一间华人医院，也是第一个得到政府认可的华人慈善团体。医院在1869年筹建，1870年由麦当奴奠基，到了1872年在上环普仁街正式落成启用。由于东华医院是一间由华人集资、以举办慈善事业为宗旨的社会团体，创院之始便仿效了中国传统善堂的模式，赠医施药，并提供广泛的慈善服务，包括施棺殓葬、收容难民、遣送回乡、拯救妇女、施赠粮食、派发寒衣及兴办义学等，[①] 甚至有时也为商务纠纷作仲裁，并会在官民之间担任特殊的中介角色。[②] 在香港，东华医院成为之后不少福利机构的典范，由一些较富裕的人以实物直接救济那些有需要的贫困者，受当时的华人爱戴。

当时，港英政府为了确保医院是在政府的监管之下运作，于1869年制定了《华人医院则例》，目的是监察医院的成立和运作。东华医院总理规定为每年一任，其公开选举机制是参考自西方的民间组织，务求达到公平公正，以及避免总理借职位来扩张个人势力。《华人医院则例》同时也赋予领导层权力处理日常事务，让东华保留中国慈善组织的特点。[③]

东华医院的主要组成是华人之同业公会，政府所以出公帑支持，表面上是尊重华人使用中医治病的传统，实际目的是为笼络一班华人精英，借他们的力量解决社会上出现的急切性问题。与此同时，华人精英也希望可以以此建立社会地位，代表华人民众向政府表达意见，所以也愿意加入这种权力中心。[④] 其董事局通常由各行业中的巨富或最大的施主组成，由1869年到1899年历届董事局的成员中，买办和南北行商人所占的席位最多，非商人出身的董事实在不多。由于董事中有许多人是捐有官衔的，这使它总是带着绅商团体的

① 陈天权．香港历史系列〔M〕．香港：明报，2010：146.

② 刘蜀永．简明香港史（新版）〔M〕．香港：三联书店，2009：97.

③ 同①：143.

④ 同①：144－145.

色彩。①

不过，政府和东华医院之间也曾发生过冲突。1894 年太平山区暴发了一次鼠疫，政府医生便抨击东华医院的中医诊症，指责他们的医疗设备不足以应付鼠疫，让传染病传播出来，甚至有医生提议关闭东华。不过政府考虑到另建一所西医院的成本不少，最后决定在东华引入西医用药，以解决有关之医疗问题。因为这次事件，带来了东华变革的转折点，而华人也开始接受西医治疗了。②

后来，九龙的人口增加，以何启为首的一班华人领袖便倡建“广华医院”，政府也就拨出了油麻地窝打老道的土地，在 1911 年建成启用了广华医院，这是九龙半岛的第一间医院，创院之初就已提供中西医疗诊治。1929 年，东华在政府拨出铜锣湾扫杆埔的土地上，又建立一所全面以西式医疗的医院，名为“东华东院”。到了 1931 年，东华、广华、东华东院合并成为“东华三院”。

3. 保良局

保良局在 1878 年成立，其性质与东华医院很相近，当时主要的任务是协助港英当局“防范诱拐，保障妇孺”。在 1887 年至 1899 年间，保良局历任总理有 116 人，其中南北行商人、买办、金山庄商人地位突出。保良局最初是借用东华医院平安、福寿两楼为局址，到了 1896 年才搬迁到太平山街新址。其日常所需的经费主要是由东华医院、文武庙、街坊公所提供。东华医院一直跟保良局有密切的合作，所以有“东保一家”的说法。③

4. 同业公会

除了这两间大型的慈善团体之外，华人社会也陆续成立了一些不同的商会、行会和工会等组织。早期的香港华商团体就是以同业公会为基本组织形式，其宗旨是以团结同业以及保护同行之利益。它们的名称一般为“行”、“堂”、“公会”、“公所”，而行规店约一

---

① 刘蜀永. 简明香港史（新版）〔M〕. 香港：三联书店，2009：97.

② 陈天权. 香港历史系列〔M〕. 香港：明报，2010：145.

③ 同①：97 - 98.

如内地。之后因应香港贸易经济的发展，其组织结构和社会功能也就渐渐适应了资本主义经济环境的方向来调整了。1868 年在南北行街（现为文咸西街）成立的南北行公所，是当时商界实力最强、组织结构最完善的一个同行商人社团，它以“策同业福利、谋市面繁荣”作为宗旨，同时也举办同街公益之事宜，因此亦具有内地商人会馆的传统特色。①

（二）反蓄婢运动

香港华洋共处、中西文化相异自然会引起冲突。在 19 世纪时便曾因蓄婢问题而引起中国传统与西方观念的争议，最后导致英国介入香港的内部事务，才得以平息此次争辩。

香港开埠不久，买卖“妹仔”的风气依然存在。当时华人上流社会认为蓄婢是理所当然的事，并视之为帮助贫困家庭供养年少女孩的一种善举。她们的年龄由 4 岁到 13 岁之间，工作就是服侍主人和做家务。不过她们的生活相当困苦，每天劳动量多但却待遇差，其命运好坏全在于主人是否仁慈。所以，有些人会受到主人恶劣对待，例如遭受虐待或性侵犯，甚至被卖为娼妓。②

蓄婢的风气最终带来的是极大的社会问题。到了 19 世纪 70 年代，诱拐人口和逼良为娼的问题日益严重，因为拐卖一名 14 岁以下的女童最高可以有 50 元，14 岁以上的更多达三四百元。按当时劳工月薪为 5 元来计算，拐卖人口的收入是相当可观的。娼妓、蓄婢背后的问题，其实是妇女被禁锢、儿童被拐带，而贫穷亦引起婴孩被遗弃的问题。因此，政府在 1873 年通过了《保护妇孺条例》，以打击拐卖妇孺，不过仍未能禁止买卖婢女。虽然如此，华人的上流社会已意识到这条法例迟早会影响蓄婢的习俗，绅商为了让蓄婢制度可以保留，1878 年 11 月要求成立保良公局（后来为保良局），专门负责防止诱拐，以保护妇孺，也借此界定“合法贩卖人口”跟“非

① 刘蜀永．简明香港史（新版）〔M〕．香港：三联书店，2009：98．

② 陈天权．香港历史系列〔M〕．香港：明报，2010：61．

法贩卖人口”的分别。[①]

可是，蓄婢的争议在1879年的一次非法拐卖儿童的案件中再次爆发。当时香港首席按察司司马理（John Smale）判案中指出：买卖子女和逼良为娼就如同奴隶交易，均是违法之行为，这是由于他从英国法律的角度来判断中国传统的习俗。因为英国早已通过废除奴隶贩卖，而香港作为英国的殖民地，也应停止这种不文明的行为，政府应干预“妹仔”买卖问题。

到了1917年8月，香港出现一宗拐带“妹仔”的诉讼，将有关蓄婢的争议升级。负责该案的律师为被告辩护时，提出了儿童被卖为佣人是否就是奴隶的问题，虽然法院没有作出结论，不过在报章报道后，引起了社会关注反蓄婢的问题。由于政府一直依赖华人绅商来处理华人事务，因此对“妹仔”的制度持容忍的态度。这使社会上反蓄婢的舆论越来越激烈，工会、妇女团体及一些基督徒在1921年便决定组成“反对蓄婢会”，其宗旨是“维持人道、废除婢制，使婢主得觉悟、婢女得解放”，之后又通过了一份《反对蓄婢会宣言书》。不少社会人士对“反对蓄婢会”表示支持而加入该会，1922年2月，会员已多达1300多人。另外，社会中也有不少华人绅商的知名人士加入一个名为“保护婢女协会”的组织，其中更包括了当年东华医院和保良局的总理。他们在家中纳妾养婢，可以说是中国旧社会的代表；[②] 由此可见，香港社会对于保护人身权益的意识已日渐高涨。

社会中反对蓄婢的声音更扩展到英国，甚至令“妹仔”问题列入国会议程中。1922年4月香港华民政务司夏理德（Edwin R. Hallifax）发表《禁婢示》，指出英国不允许存在奴隶制，故“妹仔”并非主人的财产，因此那些已届成年的“妹仔”可以向华民政务司提出申请。到了1923年，香港立法局更正式颁布了《禁婢新例》，规定以后无论任何人士皆不得雇佣婢女，以保障少女可以有平等和受

① 陈天权．香港历史系列〔M〕．香港：明报，2010：62．

② 同①：67－68．

尊重的对待。不过，因为法例没有说明落实日期，所以有关婢女注册的问题未有切实执行。“反对蓄婢会”为此终于在1929年上书港府要求落实，最终在修订有关法例后，婢女的数目便开始锐减，由1921年约8653个婢女，到了1930年4月注册婢女的数目减至4399人。①

反蓄婢运动反映了中西文化之间的关系，二者必然会产生冲突；可是，社会在扰攘多年后终于能够废除旧式的腐朽制度，这种坚持说明社会是渴望改革的，而人对平等权利的要求也是促进社会和谐的动力。

二、日占时期的停顿

太平洋战争开始之后，大部分的慈善机构都手足无措。当这些机构到银行提取现款作购买粮食或其他用品时，提款额受到限制；而它们在战前所购买的股票，在那时已经形同废纸。此外，一些慈善团体租给租客的房屋和地产，却因租户经济困难而不肯交租，致使没法收到租金，拿去拍卖的地产也无人问津。日本人对香港的慈善事业当然不感兴趣，也就自然不会参与救济工作。因为他们怕若是救济的工作做得好，居民便会不愿离港回乡了，而他们最关注的就是尽快疏散香港的人口，故此，执行归乡政策是优先的事宜。②

到了1942年2月底，日本人用来统治香港的伪政府成立。当时日本的宪兵们认为乞丐、无业游民以及流浪者只会扰乱社会，故此便决定将他们全部都关起来，拘留在北角难民营，估计人数接近1万人。拘留的原意并不是要向他们提供生活上的援助，而是为了可以将其尽快递解离港，或是送到其他邻近的地区。那些被押解出境的流民虽然可获分发一些粮食，可是都不够他们走完回乡的漫长旅程，往往在途中饿死或病死。一些年轻的会被留下做苦工，其中也

---

① 关礼雄. 日占时期的香港〔M〕. 香港：三联书店，2006：69－71.

② 同①：125.

有些人幸运地被送往一些慈善机构收容；但也有一些被怀疑是特务，而被带到宪兵队中受侦讯。可以说，战争令人们无家可归，无工可做，街头巷尾充斥了等待被接济的灾民和饥民。由于当时资源的极度缺乏，华人的商会、工会、同乡会、宗亲会的这一类团体也只是对行将离港的回乡者，作些零星的救济支持，例如少量的金钱、干粮、日用品以及旧衣物等，对于全港的贫困民众已是无力照顾了。①

1. 东亚建设基金

在伪政府成立之后，日本统治者希望香港社会及各华人团体向日本的政权效忠，所以向华民代表会提出一项筹募献金的工作，设立一个“东亚建设基金”，以测试他们对日伪政权的忠诚。华人代表会也就只好着手成立一个特别小组委员会去进行基金筹款之事宜，劝捐的对象就是工商界人士。所发出的劝捐书中，表达的基金筹款目的广泛而模糊，使人感到所筹款项会被送回日本本土政府，或是献给日本皇军，而非用于本地社会。不过，若捐款的行动是代表着日本政权的效忠，为了保障自身利益和安全，也就没法不对基金作出捐献了。到了 1942 年 8 月一共收集了约有 4 万元军票。②

当时日本政府对于本地的救济计划并不理会，一切都只是居民和社会团体自筹自给。不过香港天主教的恩主教（Bishop Jose da Costa Nunes）眼见民生的艰苦、人们在饥寒交迫中度日而动了恻隐之心。于是在 1942 年 8 月对华民代表会主席表示可以从教会中拨给 5000 元军票作救济饥民之用，因为这笔钱是由罗马梵蒂冈教廷而来的捐款，主教也就有权在适当时机调拨作为救济之用。华民代表会面对这笔意外的捐款，也就乐于统筹一切。于是，在 9 月 1 日与日本总督矶谷廉介举行的例会中提出有关之建议，并要求政府拿出同样的力量来支持这项有意义的工作，不料却得到总督的允许，更提议将东亚建设基金收集到的款项也用到救济香港饥民的身上，这次行动为香港市民争取到一项出乎意料的利益。于是，东亚建设基金

① 关礼雄．日占时期的香港〔M〕．香港：三联书店，2006：125－126．

② 同①：126－127．

所筹到的款项呈交总督，然后再转送给救济的基金，“华民慈善总会”也是因此而成立。[①] 自此，基金筹募之目的已明确地变为对华人同胞之救济，捐款也就渐渐增多，使矶谷廉介无端得了美名。这是日本人用以粉饰太平的方法，但是实际上也将本来是给日本政府或日本皇军的利益，转移到香港市民身上。

2. 华民慈善总会

华民慈善总会的成立目的是要做好救济的工作，让那些饥寒交迫的难民得到救助，具体的工作则是由天主教总会及东华三院等机构负责。为了统筹有关之筹款事宜，专责筹款的委员会成立并在1943 年年初开始工作。

为了使工商各界中的社会知名人士都参加这项筹款的运动，筹款委员会要求每个委员须负责与一定的商会、会社、团体及社团领袖、社会贤达进行联系，并且将各界人士分为不同的小组，而执行委员会里的委员更须成为组长做游说的工作，又委派了东亚银行作司库。筹募的宣传工作例如在公共场所张贴的海报，须有宪兵部及报道部的批准。最初的筹款运动反应并不是太热烈，1943 年的时候只筹集到 55500 元。筹款委员会对那些能筹得 1250 元军票的组长送予感谢状，这使公众对 1944 年的筹款运动变得热情，虽然筹募的规模没有增大，可是由于大额的捐款多了，这次共筹集了 30 万元军票。[②]

在香港沦陷期间，不论大小规模的慈善机构都面临资源缺乏的问题。华民慈善总会的出现，提供了以中央统筹的方式进行筹募，可以说是相当实际而有效的。这促使各慈善机构都开始按组织的大小和收容的比例而更准确地规划运用有限的资源，为免慈善工作彼此重叠而浪费了资源，也就开始关注自己专责的范围，而华民慈善总会也要求各慈善机构尽量专门化。例如保良局只收妇孺，不分年

---

① 关礼雄．日占时期的香港〔M〕．香港：三联书店，2006：127.

② 同①：129 – 130.

龄，但不会收容9岁以上的男童，转而将他们送往一些工艺学校。①

总的来说，在日军占领香港的期间，除了华民慈善总会给予慈善团体有限的捐款以供维持基本的慈善工作之外，社会福利的发展实际上是停顿不前的。

三、二次大战之后的福利发展

第二次世界大战后，香港的政治和社会情况混乱，中国内地的大量难民涌入香港，形成了一个移民社会。短短的两年间，人口由50万增至180万，到了1951年，人口已约有236万。② 人口剧增、中国内战及政权变更、50年代初期的朝鲜战争，都直接影响香港政局以及社会状况。因为香港的政治前景不明朗，殖民地政府也自然不愿意投入社会福利，一直都是推行紧急的实物援助，只有在出现社会危机时才会介入。

在第二次世界大战后20世纪50年代初期，当时的社会福利发展近乎停滞。但是，社会仍然存在着大量移民的福利需要，民间社会的互助团结精神因此而被带动出来。当时在不同区分中都设立了同乡会、街坊福利会及工会等，提供一些互助式服务，例如教育、医疗及经济援助。另外，教会及宗教团体亦扮演着提供福利的重要角色，而一些国际性的志愿组织亦在这时在香港设立分会，并且由海外运输一些捐赠的物资和食物来香港进入救济服务，数量庞大越超本身政府的供应；到了50年代末期，这些团体所派发的食物仍然十分惊人，每年差不多有2万吨之多。可以说，实物救济是在当时最迫切需要的福利服务。另外，也有一些志愿团体为照顾妇孺和老弱伤残者而成立的福利服务，例如1953年成立了香港扶幼会、救世军的青山男童院、香港残废儿童救济会，1955年成立了长老会国语

① 关礼雄. 日占时期的香港〔M〕. 香港：三联书店，2006：130－131.

② Harold Ho, "Social Welfare Development in Hong Kong in the 1970s: A Cursory Review". *The Hong Kong Journal of Social Work* (1980) Vol. 14 (1), p. 13.

个案中心、香港盲人福利促进会……都是为了照顾某类人士而设立的。直到50年代中期以后，社会福利才开始了低度的发展。

由1958年到1967年，是志愿机构的黄金时代。在这个时期中，除了有战后成立的志愿机构继续服务之外，也有不少新的志愿机构因社会上的需要而相继成立。当时，志愿机构由于得到海外的支持，在经济上处于相当充裕的阶段，因此社会服务的工作范围也得以大大扩展。可以说，60年代志愿机构积极扮演先锋的角色，愿意试验各种创新服务，为香港的福利发展奠定了稳固基础。志愿机构举办的社会服务在数量和种类上，其实比政府所办的还要多：由儿童的照顾到复康的工作，甚至是戒毒的工作，也有相应的机构来承办。由1959年至1967年成立的机构有：1958年的国际社会服务社，1959年的国际培幼会、香港救助儿童会、香港复康会，1961年的香港青年协会、香港戒毒会，1962年的香港痉挛儿童会，1963年的协康会，1964年的调景岭学生辅导社，及1967年的玛利史丹顿中心及怜舍辅导会等。

当时的社会仍以出口导向的工业发展为主，战后10年的香港虽仍处于非常时期，但是经济状况也逐渐转好，移民开始生根，土生土长的香港人也开始懂得争取改善生活处境了。1953年的石峡尾大火后，政府开始大量兴建公屋，[①] 另外，也利用了公屋及工厂区的结合，令制造业得以有空间发展。但是，社会福利及服务却仍处于严重缺乏的阶段。1958年，政府正式成立社会福利署；其前身其实只是华民政务司署的一个办事处。社会福利署成立之后，所做的工作多是跟法例有关，包括感化服务、领养服务及保障妇孺工作。[②] 因此，政府在社会福利方面的责任，由战后到60年代初，仍是维持在实物救济，重点只是履行法例上的责任。到了1960年，黄大仙社区

① Harold Ho, "Social Welfare Development in Hong Kong in the 1970s: A Cursory Review", *The Hong Kong Journal of Social Work* (1980) Vol. 14 (1) p. 13.

② 吕大乐. 凝聚力量——香港非政府机构发展轨迹〔M〕. 香港：三联书店，2010：72－74.

服务中心建成，随后有荃湾雅丽珊社区中心、官塘社区中心及大坑东社区中心；这些中心的成立，使社会福利署的工作进入一个新纪元，直接帮助了在50年代初期开始的青年工作，让它们日后在社会中得以更大扩展。

其实，政府也开始意识到家庭逐渐丧失某些社会照顾的功能，为了平息社会的不满和矛盾，政府在1965年制定了第一部社会福利白皮书。这是政府第一份详细讨论社会福利政策的文件，目的是为了减少市民对政府的指责，及说明政府所要采取的社会福利措施。所以，这部白皮书的重点是为了解释政府对社会福利的态度，以及政府未曾全面推行福利服务的原因。这不是一部积极推行社会福利的建议书，对社会状况的分析也过于保守。既没有展望将来的意味，也缺乏具体的计划和指示，甚至在内容中也没有详细列出政府和志愿机构以后所要提供的服务。这些都带来社会中负面的回响和批评，因此，社会福利署跟社会服务联会合作，成立了一个联合策划小组，以制订未来5年的福利服务发展计划。[①] 可是由于小组工作进展缓慢，而在各项策划完成的时候却已经过时。后来，香港发生了1966年的骚动以及1967年暴动，启示政府要安定好社会的话，便必须做好社会控制及管理的工作，这引发了政府介入社会福利的强烈动机。

四、1967年的转折点

对于第二次世界大战后的香港，1967年的暴动以及政府对社会发展的整顿，可以说是一个极为重要的转折点，现在回顾，当年的香港社会实在经历了重大的转变。在政治上，1967年以前的香港政府，殖民地色彩的官僚架构是很明显的，之后才成为一个较开放和咨询性的政府；在经济上，香港由一个发展中的工业城市，逐渐走向举世瞩目的工业、贸易和金融中心的繁荣之路；在社会上，1967

① 吕大乐. 凝聚力量——香港非政府机构发展轨迹〔M〕. 香港：三联书店，2010：81－82.

年的香港仍保留着浓厚的中国社会的特色，社会气氛维持在一种保守的状态，但是凭借着经济急速的发展，香港走向国际城市的模式，香港人的价值观念也随之转变，提倡一种开放和自由的态度，要成功便必须不怕冒险，甚至倾向投机，亦乐于寻找新的刺激和机会。

在社会福利的发展上，1967 年前后所进行的工作，也有着明显的分别。1967 年之前，社会福利主要是属于慈善式的救济事业，社会服务针对的是社会中一班老弱和伤残的人士，投入服务的人们，都是出于一己的怜悯心。所以，这个时期的社会福利，是基于华人传统以及宗教的慈善救济之观念。本地资源只能对最有需要之华人提供短暂式的帮助，教会由外国输入的捐款和生活物资，解决不少贫困家庭的需要，让他们有出外谋生的机会。不过，这些都是依赖外来资源去决定可以提供多少的社会福利。1967 年之后，香港由外来的经济和物质捐助减少，而社会经济亦开始日趋蓬勃发展。一向依靠外来资源的志愿团体和机构察觉到需要转变的时候，也就着手检讨本身的使命和发展方向，以决定撤离或是重新组织；而政府这时候也需要面对社会福利方面的承担。

由于天星小轮加价引发了 1966 年的暴动，1967 年的那次暴动，则是由于工厂对工人的严苛对待，出现劳资纠纷而演变出来的。因此，政府由两次的暴动中发现，社会中潜藏着普遍不满的情绪是需要疏导的，而保障市民基本需要的责任，也必须由政府来进行承担。政府在 1967 年的暴动中，发现不少社团和地区性的组织对政府的措施及行动都抱着支持的态度。于是，1969 年便设立了社区发展主任计划，目的是要与那些民众组织的社团建立良好的联系，从而巩固和发展它们稳定地区的功能。另外，由 1971 年开始，政府也愿意全面承担对社会有需要者之公共援助，并且扩大推行，将其转变为提供现金的援助。到了 1973 年 4 月，这种现金的援助更推广到对老弱伤残者发放津贴。①

---

① Harold Ho, "Social Welfare Development in Hong Kong in the 1970s: A Cursory Review", *The Hong Kong Journal of Social Work* (1980) Vol. 14 (1) p. 14.

面对海外捐款的缩减，为了稳定本身的服务，民间的志愿团体也主动去开拓新的资源。其一，便是要求政府给予志愿机构在经济上的补助；另外，它们也尝试积极扩大香港市民捐助的范围。香港公益金因此在1968年正式成立，目的是统筹志愿机构在本地的募捐工作。这种集体性的募捐运动，好处是可以减少以往个别机构在宣传和收集捐款中，所引起的手续和行政费用。由于大众媒介的支持，公益金每年都能达到筹款金额的目标，并且，公众对于福利工作的认识，也透过公益金的活动而大大增加。

此外，志愿机构也发现救济工作已不及以往重要，青少年服务开始成为了当时福利工作的新路向。虽然基督教青年会和基督教女青年会早在20世纪初就已投入服务。但是，早期的青年会工作在一般市民眼中并不属于福利服务，因为参加活动的青少年，都是来自家境较富裕的一群，一般平常市民并不能负担这些活动的收费。直到20世纪60年代，因为小学教育开始普及，加上一般市民的生活水平有提升，青少年的康乐活动需求也因而增强了。1967年后，除了基督教青年会、基督教女青年会、小童群益会、香港青年协会、儿童游乐场协会之外，还有其他的志愿机构如明爱、李郑屋友谊中心（现称香港基督教服务处），都为青少年提供不同的活动和服务。除了让青少年舒展精力而提供的康乐活动外，一些机构如明爱和信义宗社会服务处等，为了使青少年有一技之长，更会开办一些职业训练的课程，帮助他们日后谋生之用。

五、20世纪70年代社会福利随经济快速发展

20世纪70年代的香港因工业起飞，社会中充满着经济繁荣的景象，当时被委任为香港总督的麦理浩爵士，对社会福利抱持正面而积极的态度。香港为英国殖民地，在政治上自然受其间接影响。英国工党上台，麦理浩由1971年开始先后续任三次港督，共10年5个月，成为任期最长的港督。他除了重视社会服务的发展之外，亦

提出建立稳定香港社会的四大支柱，即医疗、教育、房屋和福利服务。10年的期间，为当时的香港社会福利打下了一个良好的基础，70年代期间出炉的总共有两份重要的白皮书以及一份绿皮书，它们都成为香港社会福利日后发展的重要参考。①

（一）1973年社会福利白皮书

经过社会大众对1965年第一份社会福利白皮书的批评后，政府即答应草拟社会福利服务发展计划。1972年10月政府发表一份名为“香港福利未来发展计划”的草拟书，接受市民的意见，在收集整理后，于1973年6月正式出版第二份社会福利白皮书。这次的白皮书的内容，对志愿机构的服务工作有着正面的影响。首先，它清楚地划分政府与志愿机构的界限，彼此作为“伙伴”的合作关系，共同努力为香港市民提供福利服务。政府方面，首要的任务是维持社会的法纪和公平，要达成以上的目标，福利机构的工作必不可少。白皮书亦承认政府应承担大部分福利行政费的开支。具体上，政府主要负担的服务共有三方面：（1）与法例有关的工作，如感化服务；（2）那些范围太广泛，开支亦太庞大而需由政府推行的服务，如社会保障；（3）那些涉及多个政府部门一起工作的，如恩恤徙置等。在此三项以外的，便属于志愿机构工作的范围，政府可以在经费上继续支持这些志愿机构发展服务。在白皮书中，政府也作出对志愿机构的肯定：较政府弹性较大，可试验新服务和推广新领域、较易吸引义工、每个机构已有其独特的服务经验。就社会保障、社区服务、青年服务、家庭服务、复康服务、老人服务、感化服务各方面，白皮书也有明确的计划，以表明政府对社会的承担。除了列出发展计划之外，白皮书也讨论了其他三个与社会福利有关的问题，就是对社会服务的咨询制度、社会服务人员的训练以及志愿机构财政的来源。总的来说，白皮书强调的是志愿机构应保持独立性，但在财

---

① 吕大乐．凝聚力量——香港非政府机构发展轨迹〔M〕．香港：三联书店，2010：136－37．

政上，政府也需对志愿机构实施适当的控制。

相比起1965年的白皮书，1973年提出的这一份更具体和明确地说明了政府在社会福利方面的意图，内容也明显丰富并充实多了。因为1973年的白皮书是政府与志愿机构努力的共同成果，当时的港督麦理浩更指出这是政府及非官方系统洽商的成果。① 在1965年白皮书曾提出要制订的未来5年发展计划一直没有落实，但这种状况在1973年白皮书的推出便改变了，因为这份白皮书指出政府与志愿机构是合作伙伴，使后者有了明确的地位，而这样的合作是成功的，也成为往后社会福利服务策划的蓝图。② 政府对社会福利正面而积极的立场，可以由当时麦理浩的一番话确认："我们的目的是要建立社会……在其中是有互相的照顾和承担的责任。我们的社会福利计划是必须跟社会相关，因为市民不会对社会有所关怀，除非这个是关怀他们的社会。"③

此外，白皮书也提出了志愿机构可以获得政府的补助，并且同时强调了市民对福利服务参与的重要，这也是成为推动社会服务加速发展的主要原因。最后，白皮书除了解答政府与志愿机构之间关系上的难题，也对各类服务的发展提供了具体的指引，其中的建议都是切实可行的。政府对于1976—1977年的社会福利的总资助更达到4.06亿港币，是在1973年社会福利白皮书中所提议的两倍。④ 可惜的是，由于1975、1976年间的经济反弹，香港环境变得不景气，使当时计划进度也受了一定程度的影响，结果未能全部如期实行，拖慢了社会福利的发展。

---

① Peter Hodge, "Expectations and Dilemmas of Social Welfare in Hong Kong". *The Hong Kong Journal of Social Work* (1993) Vol. 27 (2), p. 7.

② Harold Ho, "Social Welfare Development in Hong Kong in the 1970s: A Cursory Review", *The Hong Kong Journal of Social Work* (1980) Vol. 14 (1) p. 14.

③ Ibid., p. 15.

④ 同①: p. 8.

（二）程序计划与社会保障、老人及青少年服务绿皮书

在1973年的白皮书发表的同时，另外有一个探讨老人未来需要的工作小组也完成了报告，对日后老人服务的计划，带来决定性的影响。香港人口开始老化，而老人服务也开始受到政府的重视。这份报告书认为在都市化的影响之下，家庭要履行照顾老人的责任，是需要政府提供协助的。在“家居照顾”的原则下发展老人服务，让老人留在原来的社区中获得照料，尽量降低住院的需要。另外，为老人提供的社区服务除了有社会保障外，也包括家务助理、日间护理及其他康乐和辅导的服务。对于需要住院的，政府也要按需要增加宿舍、护理院、疗养院及安老院的数量。报告书中提出的方向和政策得到社会大众的支持，于是社会福利署和香港社会服务联会在1975年，进行了一项全港性的老人社会服务需求调查，希望以更确实的资料来帮助老人服务的策划，最后在1977年便发表了“老人服务绿皮书”。

1972年政府聘请了一家外国顾问公司来港研究香港政府的行政体系，报告中建议政府采取“程序计划（program plan）”的方式来进行策划工作。这样使以往各部门各自策划的习惯打破，将同性质的服务集中起来成为各种的“程序”，再进行策划。以复康服务为例，它成为一个独立策划的范围后，涉及复康工作的部门（包括社会福利署、医务卫生处、教育司署及劳工处等）需要一起讨论和策划。1977年出版了三部绿皮书：“老人服务”、“青少年个人辅导工作”以及“社会保障”，就是来自三个不同的“程序计划”，它们后来更被合并，放进1979年出版的社会福利白皮书。

（三）1979年社会福利白皮书

紧接着1977年的三部主要的绿皮书发表之后，政府连同其他的社会福利服务的计划，在1979年提出了“进入80年代的社会福利

白皮书”。[①] 这次发表的内容主要是集中在“老人服务”、“社会保障”和“青少年个人辅导工作”三方面，经过之前多番的讨论，这次的白皮书已经能够对其中发展的计划都提供了很详细的指示。例如，修订公共援助制度使更符合接受者的需要、在1981年年底使全部中学获得学校社会工作的服务、在1982年达到全面推行家庭生活教育的目的、在1979年初划分16个优先区以推行外展社会工作等。

但是，白皮书中仍是没有正面回答那些在绿皮书发表之后公众提出的问题。例如，社会保障绿皮书曾建议推行伤残人寿保险计划的供款，在白皮书中却只说政府还未能作出决定，却没有提供任何解释，所以，在当时社会保险制度是否可行仍是一个未知的问题。此外，虽然这份白皮书名为“进入80年代的社会福利”，可是内容的关注都是放在过去所讨论的议题或是程序计划上，却忽略了对进入20世纪80年代的香港，未来10年的政治、社会及经济环境之分析，以及相关的社会福利需要之转变。最后一点就是，这次的白皮书没有对社会工作人员的训练提出具体的方案，只提到人手短缺将严重影响服务的发展。综括而言，今次的社会福利白皮书给人的感觉是比1973年的白皮书大为逊色，因为政府在提出社会福利服务的策划上，给市民一种犹豫不决的感觉。

不过，当时其实也有不少实际执行的政策，使社会福利普遍得到扩展，并且让市民的生活得以改善。例如，1971年推行的公共援助计划，让社会中有需要者得到现金的援助；1978年全面推行的九年免费教育，让所有6至15岁的儿童都有接受教育的机会；以及由1979年政府开始发展新市镇及兴建地下铁路，切实地解决因人口剧增而引起的居住及交通问题；还有就是政府正式开始资助青年服务、老人及社区建设和社区发展等服务。此外，在20世纪70年代中期，一些中产市民不希望入住质素较差的公屋，但是以他们的经济能力也无法负担那些供款购买的私人房屋，而“居者有其屋”计划在

① Harold Ho, “Social Welfare Development in Hong Kong in the 1970s: A Cursory Review”, *The Hong Kong Journal of Social Work* (1980) Vol. 14 (1) p. 15.

1978年正式推出市场。

70年代的社会福利虽说是随着经济而一起快速地发展，但现实表示了并不能高估福利的扩展；例如，1972年的“十年建屋计划”最终无疾而终、房屋政策被视为香港高度介入市场的明显例子，等等。基本福利的提供令劳动力得以保持低廉，其实也是成为经济起飞的重要原因之一。虽然香港社会整体的福利已经有所改善，但是社会保障仍是处于缺乏和不足的阶段。例如，退休保障及完善的失业保障便是其中之一。劳工团体在20世纪70年代时，已经开始争取中央公积金式的退休保障，社会在之后更开展了20年有关退休保障的争论。

在20世纪70年代以前的香港社会政策常被批评为“头痛医头、脚痛医脚”，因为缺乏长远的目标。那是由于初期的社会福利多是针对具体而迫切性的问题；不过，在70年代，这样的状况开始发生变化，政府也开始承担起改善社会的责任，虽然没法在各方面都能够得到完满的解决方案，不过也开始对一些问题提出长远的解决方法，而不再是被动地在问题出现以后，才来做些补救性的行动。综合各方面的评估，社会福利的策划还是需要政府能够预先提出一些预防性、建设性的积极措施和计划。

（四）志愿机构的处境

在政府对于社会福利的参与增加之时，志愿机构却出现了资源上的问题。由于越战的爆发，因为资源分配的更改，由海外进入香港的资助直线下降，这使香港大部分依赖海外经费资助的志愿机构大感头痛。政府此期间对于社会服务的资助正好为它们带来依靠。除此之外，人力资源上的短缺也是另一个严重的问题。其实自20世纪60年代后期，是相当需要那些有接受训练的社会工作者，可是往往处于供不应求的情况中，甚至到了1979年，社会工作者的转换率更高达14.8%，而那些受训的学生更有8%会转到其他行业工作。[①]

① Ibid., p.16.

六、20世纪80年代社会福利私营化的开始

经过之前10年政府对社会福利发展的关注，市民也开始了解到自己的需要，对于社会未来的需要，政策的规划就是为此而作出预计，而不是针对现存的问题和需要。有了这样观念的转变，香港社会政策的制定方式便逐渐摆脱旧有的途径。例如，在20世纪70年代设立的学校社会工作和外展社会工作服务，虽然对行为偏差的青少年提供了一些帮助，但是却并未能解决青少年犯罪问题，而后来发现其实青少年犯罪的情况倒有恶化的迹象。因此，在制定政策的同时，不能止于针对眼前的问题如何解决，更应考虑社会人士对这个问题的期望是什么，什么样的政策才得到社会整体的认同，之后才是引入具体发展的计划，让大众愿意一起努力去达到目标。

不过，进入20世纪80年代的香港，立即便要面对政治和经济环境上的急速转变。首先，中、英双方在就香港前途进行谈判，其局势之变化直接影响社会的稳定性。此外，中国内地在经济上进入改革开放的时期，令本来在香港发展蓬勃的制造业陆续北移，香港自此便步入经济转型的新阶段，同时也造成结构性失业。最后，自从在1979年英国保守党上台开始，政府便改为推行新保守主义以及私营化的政策，这也间接影响了香港跟随类似的路线；例如"用者自付"、"收回成本"等的市场化概念，渐渐在香港社会福利政策的讨论中出现，这些都是社会福利走向私营化的开端。社会福利署署长李春融当时接受一个访问的时候便表示政府并不需要进入直接参与社会服务的工作，反而，社署的焦点工作是要专注处理那些社会保障服务，因为这些基本福利的服务是社会服务人士所没法提供的。[①] 他的说法跟以往政府对社会服务的积极投入已是大相径庭。

此外，香港政府在不同政策的推动上，都可窥见其私营化的前

---

① Peter Hodge, "Expectations and Dilemmas of Social Welfare in Hong Kong", *The Hong Kong Journal of Social Work* (1993) Vol. 27 (2), p. 10.

提。例如在房屋方面，香港房屋委员会在 1987 年发表一份规划至 2001 年的“长远房屋策略”，以确立未来的发展方向和目标，其主要目的在于扩大重建计划以及协助市民自置居所，并以此作为长远解决房屋问题的方法。其中具体的方向，就是将公屋主导的房屋政策转为自置物业的方向，即是在房屋系统中改成以居屋为主导。另一个明显的例子，出现在医疗改革方面，1985 年的“司葛报告书”建议成立医院管理局，表面上是改善在有关管理上的制度问题，虽然政府曾否认这是私营化的先兆，但是在报告内容中，却又引进了一系列收回成本和用者自付的新措施。可是，在现实中医疗服务开支以及医疗人手的不足，在报告中却没有具体方案响应。支持贸易自由化的人认为，政府应该削减社会福利和服务，将公营部门私营化，就是希望从“用者自付”的实行让福利的提供可以收回成本，另外就是让市场自由运作，由私人企业照顾市民的所有需要，这就最有效率了。

整体来说，步向私营化的政策下，因此而造成不少现实的问题：医疗服务的人手不足、社会工作人员花额外的时间去处理行政工作，结果牺牲了公营服务的质素，并且也引起了其他的问题。在房屋的政策上，推行自置物业最终导致楼市出现了垄断的情况。另外，公共房屋及教育也逐渐变成为商品，服务由于商品化的关系而开始变质，本来是福利接受者的身份，被迫变为服务购买者。

第三节　特区政府时期香港社会福利政策的发展

一、九七回归与社会福利发展的转弱

1997 年的政权移交，对港英政府在香港社会福利的投入，似乎必然地带来消极的影响。从 1993 年开始，香港正式步入后过渡时期。中英联络小组中方代表陈佐洱在 1995 年年底指责港府的福利开支过高，并提出“车毁人亡”的言论；另外，基本法中已为香港制

定了一套基本的财政政策，其中表现了一种倾向保守的福利观。这些都反映出当时中方对于香港福利的体制，所抱持极度保守的态度。社会认为50年不变的立场背后意味着的是福利开支不可因为香港的社会需要而增加。但是，20世纪90年代的香港确实也进入了人口老化的阶段。与此同时，社会中的贫穷以及贫富悬殊问题也开始愈来愈严重，这些对于社会福利的需求必定带来一定的压力。可惜的是，香港在面对政治局势不明朗的情况下，社会福利的发展也因此进入了挑战期，政府不再像以往20年那样，积极承担社会福利的责任。

政府在1990年成立了医院管理局，从1991年12月1日起更正式接管医院事务署辖下的全港公立医院。医院管理局运作独立，由内部多个委员会组成，同时向香港政府卫生首长（现为食物及卫生局局长）负责。香港在医疗卫生方面基本上是沿袭英国的医疗保健福利制度运作，其制度建立在四条原则基础上：（1）免费提供卫生服务；（2）人们享受卫生服务的权利是一致的、无区别的、不附加任何前提条件；（3）所有人都应该接受同等待遇的卫生服务；（4）卫生服务必须是国力所能提供的最好服务。这种政府主导的高福利医疗卫生体系，保障市民在纳税后平等地享有几乎免费的医疗卫生服务，体现了较高的公平性和可及性，并一直以优良见称。到了1993年，政府的看法改变，指公共医疗服务的角色，应该主要是为社会最不幸的人提供一个安全网，对大部分市民则采取逐步收回成本的政策。

政府在这10年间也就社会福利发表过一些白皮书及报告书，例如在1991年社会福利署发表《跨越九十年代香港社会福利白皮书》、1995年提出了《1993—1995年社会福利署报告书》以及《香港社会福利发展五年计划——1995年检讨》。不过在内容中却发现，以往由政府全力支持之社会福利的项目，开始以不同的形式来削减开支。例如在社会福利方面，政府试图改变对志愿机构的资助模式：1995年的报告提出要建立社会服务指标，需要按“成本效益”的基础来衡量对志愿机构的资助。因此，政府便建议以“单位资助拨款

（unit grant）”，推出一次性拨款的制度来取代原来的“实报实销”模式，此后，更在1999年推行服务表现监察系统（SPMS），包括SQS及FSA的评估机制。另外，为了降低政府在公共房屋支出上的负担，1997年在“长远房屋策略评议”的文件中，提出有关“出售公屋”的建议，日后更将所出售之公共房屋的管理及维修转为外判工作，支出也不再由政府承担。在响应人口老化引来退休保障的问题上，政府于1997年透过不民主的临时立法会，通过强制性私营公积金的主体法案，所缴纳的强积金由私营的金融机构管理，而投资的风险则直接转移由市民自己承担。

在政权交接后，特区政府比殖民地政府对社会福利的承担和策划更为保守。特区政府在成立后曾提出一些新的政策，例如在房屋方面，政府提出10年的建屋计划，目标是要让七成市民可以置业，其中以“八万五房屋供应政策”最为人熟悉。可是，在1997年10月的亚洲金融风暴的影响下，政策便立即走向了另一极端，为免香港的楼价继续下跌，最终特区政府在2002年决定无限期搁置居者有其屋计划以及停止土地供应。在经济不景气的冲击下，政府提出的政策常常朝令夕改，让人体察到原来政府的保守福利观基本上没有改变。以董建华为特首的商人政府，也常令人怀疑，其治港理念是否为商人谋福利多于为平民百姓谋福利。例如，董建华在发表第一份施政报告时强调“要致力使香港保持强劲竞争力的低税制”，以及“要营造更有利经商的环境”，但是却忽略了老人综援金的需求。

其实自1997年7月1日亚洲金融风暴之后，社会失业者的数目剧增，加上人口老化的问题，社会福利的需求必然大大增加，可是政府无视社会的确实需要，对于社会保障的援助却不增反减，在1999年更削减综援方面的资助。主要原因可能是由于《基本法》对政府规定必须遵守量入为出的紧缩财政政策，这样的情况下，已然大大地控制社会开支增长的空间。

二、回归十年的社会福利状况

香港于 1997 年 7 月 1 日回归祖国，转变为中国的一个特别行政区。可是，回归之后的香港经济却经历了长达 6 年的衰退期。在这期间香港人经历了通缩持续和失业率高企，出现一股前所未有的减薪裁员潮，而人们也坚忍面对这段艰难的时刻。政治和经济环境处于不稳定的条件下，社会福利必然受到影响。以下从社会福利的需求、支出、发展这三方面来说明香港回归之后的社会状况。

首先，面对经济低迷的困境，整体社会对福利服务的需求自然会急剧增加，特别是因经济转型引致的失业及低工资问题，收入不够维持生活而接受综援的市民的人数上升。除此之外，老人缺乏退休保障、家庭转型带来单亲家庭的增加、新移民在人口中比例上升等的原因，都使申请综援的个案有增无减。20 世纪 90 年代失业及单亲家庭依赖公共福利的失业社会救济个案在 1990/1991 年只有 1754 宗，而到了 1999/2000 年个案数字已大幅跳升至26185 宗；同期单亲个案由 3899 宗升至 25146 宗。在那时期的香港约有 700 万市民，而其中 12 人即有一位是依靠综援过活的。可以说，社会经历政治和经济的改变所引来的不稳定，引起大众对社会福利需求的增加是无可避免的事情。

香港贫穷人数的增加，也连带使其他福利服务感受到巨大的压力。例如，应付家庭问题的社工辅导服务在回归后面对的需求，竟然是以几何级数地累积。另外，香港家庭暴力的个案急剧上升，而最为香港市民熟悉的家庭服务范围，便是处理家庭暴力的综合服务。由此可以察觉到，香港的家庭已然起了根本性的变化，面对经济的压力可能是其中之一的原因，不过，要寻探不同家庭发生暴力事件背后的原因，可以说是复杂的，也不可小视所需要投入的人力资源。并且，假若这方面产生的问题不早作处理，以后对社会福利服务的需求可能变得更惊人。

其次，政府投入社会福利的开支一直在增加，服务质量却没有明显的提升。回归之前，政府用于各项社会服务的开支，以拨款多少来计算，按次序分别是教育、房屋、医疗和福利。教育历来所占的比重是最大的，大约是政府总开支的 18% - 20% 之间；房屋约在 12% - 18% 之间；医疗是 10% - 12%；福利是 8% - 10%。可是在回归以后，福利支出急剧上升，尤其在 1997、1998 年的亚洲金融风暴之后，社会保障的开支（包括综援、高龄津贴、伤残津贴）在社会福利的总支出中，从 1997 年开始起作 10 年期计算，便由约占三分二增加至约七成半。

以数额而言，2007 年财政年度社会福利开支达 350 港元，约占政府经常性开支的 16%，仅次于教育，比医疗还要多。这时期福利开支的急剧上升，原因是增加部分多用于社会保障，其他用于老人、家庭、青少年、残疾人士等的服务开支，在实质上的增幅并不多。相对来说，因为用于社会福利的开支多了，政府也必须缩减其他社会服务的支出。另外，因当时人口增长未有预期的快，于是在公共房屋方面便要相应缩减了。在 2007 年政府用于各项社会服务的开支，次序已改变为教育、福利、医疗和房屋，由此也可以窥见政府在社会政策上已有所转变。

最后，回归 10 年来，社会福利的政策其实并没有新的发展。1997 年，首届特区政府发表的施政纲领，罗列了“福利”的五大目标：（1）促进老人的福祉；（2）鼓励残疾人士融入社会；（3）保护需要照顾的儿童和协助培育青少年；（4）维护和巩固家庭关系；（5）协助极需经济援助的人士。纲领内容详细描述了各个目标以下的工作计划以及未来两三年可预见的发展趋势，部分服务承诺更跨越至 2001 年。不过，上文提及 50 年不变之背后观念影响着香港，而政府亦要符合《基本法》之规定，不能随便更改原有的制度，只会在需求增加及经济条件许可的情况下才能作出改善。所以，虽然政府指出了对社会关注的方向，但是在资源有限的调配下，整体而言并谈不上有新的进展。

后来，特首董建华推出了问责制，1999 年杨永强走马上任当卫生福利及食物局局长，未几即要执行政府的灭赤行动，逐年削减社会福利开支。加上政府在这几年间的预算案赤字连连，因此，社会福利的发展也就变为不可能发生的事，出现的也只是在福利制度上的改变。2000 年，社会福利署推出整笔过拨款以及新服务竞投制度。从此之后，社署与受资助机构的关系便趋向不平等，造成了同工之工作量沉重、同工不同酬等的恶果；并且在不知不觉间，香港由 20 世纪 70 年代起建立的社会福利发展五年检讨，以及规划机制也都随之消失了。不过，制度上的改变也引发出好的一面，其一就是迫使志愿机构必须调整本身的营运模式来配合新的制度。另外的一种改变，就是使福利服务的提供需要改良，并且重新整合；以往提供家庭、长者、青少年等的服务，都是以分割式项目的情况出现，此时正好给予一个纠正的机会，同时，亦能够给服务对象带来更适切的协助。

政府在这十多年间，必须要面对贫穷严重化、贫富差距扩大、家庭功能弱化、人口老化、社会期望上升等的问题。香港社会福利制度也必然要面对相应之挑战及困难，这些都可以被归纳为两方面：（1）市民对社会服务的质与量两方面的需求不断增加；（2）财政投入没有减少，但却受制于经济及社会条件而未能配合。另外，社会保障的沉重担子，也是阻碍社会福利服务发展的原因之一。由于社会福利服务的重整，令志愿机构社会工作者的工资待遇、福利及事业前景亦都一并暗淡。可以说，社会福利在这 10 年间其实是在走下坡路；实际上在回归之后，政府也没有提出一套完整性的社会福利规划。制度改变的后果使社会福利服务变得短视，机构追逐以竞争资源，员工及使用者的关系也变得越来越功利化。

三、21 世纪的社会福利

不难察觉在回归后的香港特区政府，对社会福利承担的认知已然改变，加上在政策及计划上一直都缺乏长远的目标，也因此让社会大众常常感到失望。以往的政府会借着咨询文件收集社会意见、主动向社会提出有关社会福利的政策，以及作出对计划修正等的行动。可是在特区政府主理的时候，一切决策的方向已经不再一样，变得相当保守。相反，政府却不断将社会责任转移到市民身上，提出的建议也属于短期性质的。社会面对的经济环境比以往恶劣，政府是不能回避困难群体的需要的，可是却又不愿意作长期的承担。于是，往往便以成立各式各样临时性的大型基金，并且鼓吹服务机构开办短期的服务项目。这些常常令福利机构疲于奔命，但是，对社会问题的响应却只能提供短期的解决方案。因为社会服务机构已然无从参与策划，对于新发展的社会服务项目，也常被批评为社会福利署单方面的构思，没法就长远的社会问题对症下药。因此，整个社会对于政府在社会福利的建议，也开始弥漫着一片不信任的气氛。

2003 年卫生福利及食物局局长曾提出要与市民共建一个“关怀互爱和健康的社会”，到了今天，这仍是特区政府官员的口号。政府的目的是鼓励市民要自力更生、提升个人和社会能力以抵抗逆境。这种对民间的鼓励是正面的，也一直是社会服务所背负的理念；可是，政府内里的实际期望，就是希望市民不再像以往般被动地接受资源和服务，也因此可以让政府跳出承担“提供服务”给受助者的资助角色。政府大力提倡“社会投资”这种助人自助的模式，就是让使用者也承担社会服务之成本。政府也提出要跟商界和第三部门（即非政府机构）建立紧密的伙伴关系，促使三方通力合作令社会资源物尽其用；例如，在 2002 年设立的“社区投资共享基金”，便是为政府、商界和第三部门这三方伙伴关系播下种子。此外，最近推出的“关爱基金”，其目的也不是针对非领取综援者的需要，来作出经济上的补助，而是期望可以降低香港社会上的仇富情绪。社会福利发展是需要由政府作带领性的策划，可是在眼见社会福利的开支日渐庞大，特区政府的焦点转移到如何将责任下放或分散，却忽视因社会变动而带来的长远需要。

其实，社会中一些热心社会服务的团体也开始主动向政府提出意愿，以及表达社会的需要。例如，在香港社会服务联会的推动下，社会福利界发动了业界和学者的参与，并且在2004年更合力发表了一份《社会福利蓝图建议书》，向政府倡议重新制定本港社会福利的方向及策略。可惜，在建议书面世不久，却面对政府官员在人事上的更替。在青黄不接的期间，社会福利的全面规划便未能够持续地成为官方的议题。在2006年，特首曾荫权发表其任内的第二份施政报告，施政纲领改以综合化的形式编写，使有关福利的范畴分拆得支离破碎。回归十周年，政府架构重组，福利与劳工事务合并，劳工福利局局长张建宗刚上任，实时要拆解的却是福利从业员的薪酬问题。对于社会福利的讨论，在经过一连串的变量下，新的政策计划能否靠以往稳健的基础承传下去，好像仍属未知之数。

四、可持续发展社区

除了在政策上的转变之外，政府对于社区发展的看法，也是叫人感到无奈。香港人口稠密、地少人多，所以政府一直以来都需要拓展不同的地区让市民得以安居。根据1973年行政局的备忘录提到，政府设计在人口10万以下，而又没有其他社区服务的社区，均须设立一个社区中心（Community Centre）。即是指在一幢式的服务大楼中设置不同类型的福利服务及设施，使居民可以聚集并且获得支持服务。在这种政策的思维下，社区发展的服务也就一直在社会中产生正面的影响。

香港在20世纪五六十年代之时，港英政府已经开始推动社区发展服务（Community Development Service），而较有系统的邻舍服务工作则是由20世纪60年代初开始。[①] 这是来自英国“贫民区运动”

---

① 香港社会服务联会. 社区发展工作资料汇编2000至2010——社区发展服务：承传、探索、蜕变〔M〕. 香港：圆桌文化，2010：50.

（Settlement Movement）的启发，目的是巩固国家秩序、促进法治、社会及经济的发展，同时又可以扮演社会服务的角色。“贫民区运动”是当时英国的大学学生和志愿人士进入贫民区，向贫民提供如教育、医疗和食物等的基本服务，目的是要改善贫民区的生活质素。而香港政府最初的推展，就是在四个徙置区推出社区中心服务，让当时的难民尽快融入社会，并建立他们对社会的归属感，用以维持社会的稳定。[①]

在60年代的后期，志愿团体有更多机会加入参与社区的服务。他们参与推动社区发展的工作，也鼓励了市民参与社会、强化互相自助的网络；同时，他们提供社会福利服务，并强化街坊组织的工作。在70年代后期和80年代，“邻舍层面社区发展计划（Neighborhood Level Community Development Project，NLCDP）”的推出，更促使服务得以迅速发展，由1978年只有9队，到了90年代已增至共54队。[②] 当中所提供的计划服务，也因应其时环境的需要而转型。例如，针对受重建影响的公共屋村居民，便有一些相应的服务支持他们过渡。另外，曾有一段时期，社区是以青少年中心服务的模式提供服务，可是在其需要已不合时宜之时，也就转而按社区当时的需要而提供社区服务，例如帮助新移民投入社区、就业服务，等等。

政府对于社区发展服务抱持着肯定的态度，特别是在鼓励互助自助、改善生活质素等各方面都带来了正面的成效。于是，政府也乐意扮演一个积极的角色，在80年代末，政府更全面资助了坐落在9个地方行政区的13间社区中心，湾仔社区中心的圣雅各布福群会便是其中一个好的例子。[③] 另外，政府也在贫乏及低收入地区（例如一、二型徙置区、木屋区、临时房屋等）中设立了“邻舍层面社区发展计划（NLCDP）”，以及个别功能社区的先导计划（针对菲籍

---

① 香港社会服务联会. 社区发展工作资料汇篇2000至2010——社区发展服务：承传、探索、蜕变〔M〕. 香港：圆桌文化，2010：50-51.

② 同①：51.

③ 同①：50-51.

女佣和妇女提供的服务)。以上所提及的行动,可以说是组成香港社区发展服务蓝图的重要部分。

可是,自20世纪90年代初,社区发展服务被排挤在社会福利范围之外,而政府也开始削减社区发展服务的资源。[①] 前政务司孙明扬曾指“社区发展工作队已没有存在价值”,令人感到在三至六型公屋、临屋、木屋等类型的房屋陆续被清拆后,“邻舍层面社区发展计划(NLCDP)”也自然会随着消失。虽然在1995年1月政府同意将两个选定的旧市区(南昌和旺角南区),推行为期三年试验性的“旧建市区邻舍层面社区发展计划”,并在1997—1998年进行检讨。但是实际上,政府在“旧建市区邻舍层面社区发展计划”中引入了“竞投制度”,之后,在1998年7月22日便宣布因为检讨未如理想,所以在计划完结后便停止再推行。在2003年初,在12个旧市区进行的“综合邻舍计划(Integrated Neighborhood project,INP)”宣告了全面终止;同年6—7月,社会福利署建议将社区中心的资源与综合家庭服务中心合并。[②] 政府对于社区发展服务的态度,在此时已经转变了。

20世纪90年代的香港经济发展迅速,在1997年回归前的楼市更是屡创高峰。市面虽然一片繁荣,但是,在社会中隐藏着如结构性失业、贫富悬殊的问题却没有人来关注,大家只专注在市场中获取最大的利益。可是在楼市股市的泡沫经济爆破后,港人元气大伤,出现负资产和破产的个案大大增加。与此同时,政府的收入锐减、财政也面临赤字,再加上在2003年的“非典”,更是将香港的景况推向谷底。

经济衰退的出现,香港社会对于过往的急速发展开始有所反省。市民一方面在回顾以往社会的发展是否健康,另一方面,也思考一个可以持续发展的社会应该是怎样的?人们忽然察觉到香港整体社

① 香港社会服务联会. 社区发展工作资料汇篇2000至2010——社区发展服务:承传、探索、蜕变〔M〕. 香港:圆桌文化,2010:101.

② 同①:106-107.

会在以往都是过分依赖市场，而忽略了家庭生活、社区网络以及环境保护等的社会议题。而若是社区是可以持续发展的话，又有什么积极的行动可以开展呢？

特区政府因此推出了不同的社区协作计划，期望可以稳定社会，包括有："社区资源共享基金（Community Investment and Inclusion Fund）"、"可持续发展基金（Sustainable Development Fund）"、"伙伴倡自强"社区协作计划基金（Enhancing Self - Reliance Through District Partnership Program）、"活化历史建筑伙伴计划（Revitalizing Historic Buildings Through Partnership Scheme）"，等等。此外，一些半官方机构如香港赛马会（Hong Kong Jockey Club）、市区重建局（Urban Renewal Authority）也参与资助不同的社区发展计划。综合家庭服务中心（Integrated Family Service Centre）亦提议可以加入社区网络及社区组织的元素。

这些行动的背后，目的是要寻求社区解决方案，为新社会议题引入社区动力，寻找出路。① 不过，就如之前所述，那些社会需要都是以临时性的基金来应付，其实政府并没有建立长远的目标和策略，去落实贯彻可持续发展社区的概念。

五、结论

回顾香港在社会福利服务的特色，已经历了不同的阶段。第二次世界大战之前的香港，属于早期社会福利的传统，政府的角色只是退居二线，而民间团体参与一个先锋的位置，因为那时是由民间直接去响应社会需要，以及提供社会服务的传统。在战后到20世纪70年代期间，社会福利从救济性转为提供社会服务，以改善居民生活的质素，这些是由不同的民间慈善福利系统作支持；它们的角色也渐渐转型由提供服务，到成为政府的伙伴，因此，政府的社会福

① 香港社会服务联会．社区发展工作资料汇篇2000至2010——社区发展服务：承传、探索、蜕变〔M〕．香港：圆桌文化，2010：52－53.

利服务乃是建筑在民间的慈善福利系统的基础上。其后的 10 年，1970—1980 年开始结集民间的诉求以及对政策的倡议，民间的福利机构也开始当家做主，社会权利的意识开始成形了。此外，制度上的转变使得民间的福利机构在财政上依靠政府，同时又积极参与制订服务标准和开拓倡导性服务；这种以创新领域的态度，突破了制度上的限制。在香港回归事件的影响下，1980—2000 年间的非政府社会福利服务展开了内部的改革，也引入了交代和问责的文化，做成了各个机构在管治上特别小心，因为这直接影响社会对其之信任；而另一方面，政府也协助一些自助组织成立以辅助未能触及的需要，但是这引发起服务使用者的充权问题，这挑战是来自充权空间的缺乏和限制。到了今天，为了响应社会新环境与新的需要，志愿社会服务团体需要的是重新定位，由于跟政府的伙伴关系已发生变化，社会福利服务机构也就必须在新的环境中自主创新了。另外，香港的社会福利成为输出社会服务的品牌，而服务的扩展也让关怀的覆盖不只限于本地社会，已经能够跨到国际，又进入内地了。①

总的来说，社会福利的核心价值在于维护个人尊严和社会公义，除了确保有需要的人获得照顾及保障之外，更提供平等发展的机会，鼓励他们参与社会、自力更生和承担责任。今天，香港社会对社会福利的基本概念和价值好像已失去了一种共识。相信香港未来仍然会面对不断涌现的新挑战，加上跨代贫穷、人口急速老化、家庭功能脆弱等的问题，现时仍欠缺长远解决之方案。然而，特区政府一直将社会福利之作用定位为“提供有效、可持续的安全网”，是否已不合时宜呢？应该说，现在是综合过往历史，配合现代的社会工作理论和模式，来帮助香港本土化福利政策发展的时候了。

---

① 吕大乐．凝聚力量——香港非政府机构发展轨迹〔M〕．香港：三联书店，2010．

第二章 香港社会工作现状

香港的社会工作从初期的慈善事业开始，已有100多年的历史。但作为专业化和职业化的专门社会服务，则只有30多年的历史。30多年来，随着经济社会的飞速发展，香港的社会工作也得以逐步完善、成熟。目前，香港已有民间社会工作服务机构3800多家[①]和17484名注册社工[②]，注册的社会工作者绝大部分在专业机构中担任专业服务或管理工作，有一整套规范的从业制度。注册社会工作者的专业化和专门化服务是香港社会福利服务的重要组成部分。香港现行的社会福利服务的基本特征是“政府统筹、社团管理、公民参与、法律监督”。这就形成了以政府为主导，以民间服务机构为主体，由公众广泛参与的社会服务运作和发展机制。特区政府基本不涉及社会服务事务的具体管理，而是委托各类社会团体进行管理与协调。具体到社会工作领域，最显著的特点是“政府购买服务”，其鲜明的“政府主导、民间运作、社工服务、公众获益”的运作模式是社会工作运作的成功保障。特区政府不直接参与社会工作服务，但由“政府主导”能时刻把握社会工作服务的方向和质量，由“民

① 王绍培. 发挥社工作用，促进社会和谐——访北京大学教授、著名社会学家王思斌〔M〕. 相关链接：“香港民间社会工作机构总数达3800多家”，深圳特区报，2010-4-7-A12（理论探索）.

② 香港社会工作者注册局：“截至2012年10月25日止，香港总注册社工人数：17484”，香港社会工作者注册局网站，网址：http://www. swrb. org. hk/chiASP/statistic_ rsw_ filter_ c. asp

间运作”大大降低了管理成本，由“社工服务”充分保证社会服务的综合质量，使每一名香港市民都能及时获得其所需的生活服务，享受社会经济发展的成果，从而形成统一、完整的社会福利与社会工作服务系统。香港社会工作的内容是比较全面的，涉及社会生活的各个领域、各个方面。

第一节 香港社会工作的运行体制

在香港，社会工作者的社会地位比较高，受到社会尊重。因为社工不仅活跃在群众中提供直接的专业服务，还通过影响政府的决策等各种途径为社会弱势人群争取必要的资源。香港社工成熟的管理、服务和运作模式成为世界其他国家和地区发展社工所参考的重要经验。香港社会服务发展研究中心工作人员认为，香港社工模式的成功之道在于其处于政府、机构以及公众之间的“中立”位置。这种运行体制为社会工作在香港得以快速发展并取得成功提供了保障。

一、香港社会福利服务的管理体制

在发展专业社会工作的过程中，香港较好地处理了政府、民间社会工作机构和公众之间的关系，政府和民间社会工作机构在开展社会服务过程中建立起一种合作伙伴关系，形成了以政府为主导，以民间社会工作机构为主体，由公众广泛参与的社会工作运作和发展机制。在这一机制中，政府、民间组织、公众三者各司其职，各尽所能，各得其所，良性互动。①

政府社会福利署在社会福利服务中的角色：一是通过制定和修改社会福利政策，主导社会福利发展方向和计划。如港英政府在20

① 该段论述引自：民政部赴香港社工考察团，甄炳亮执笔．赴香港社工专业化、职业化考察报告，社会工作和社会工作人才队伍建设网站，2006－06－26，网址：http：//sw．mca．gov．cn/article/tszs/200706/20070610000398．shtml

世纪60年代至80年代间，先后发表三份社会福利白皮书，明确社会福利工作的发展方向和政策目标，制订相应计划。为推动社会福利朝着服务多元化和社工专业化方向的发展，又相继发表《青少年个人辅导社会工作之发展绿皮书》、《老人服务绿皮书》、《群策群力协助弱能人士更生白皮书》，提出了青少年社会工作、老人社会工作和康复社会工作的目标及实施方针，推动各领域社会工作的专业发展。二是颁布实行各项社会工作的法规、条例、规章和考核评估指标，规范民间社会工作机构、注册社工和社会公众在社会福利服务中的权利、义务关系，为社会工作的健康发展提供制度保障。如香港社会福利署通过颁布《服务质素标准及准则》和标准化的《津贴与服务协议》，对确定承担服务工作和接受政府财政资助的社会工作机构，进行招标资格审查和年度考核、审计、评估及日常工作的指导。三是建立政府购买服务的预算经费项目。社会福利署按照社会服务的规划和需要，每年向专业社会工作机构发布社会服务需求。专业社会工作机构则提出承办社会服务项目的申请，再由社会福利署的“福利服务编配委员会”根据各机构的申请，依法审核各机构的资质，包括服务目标和项目、人员配置和素质、服务手段和条件等，选择和确定承担各地区、各类型社会服务的具体机构，并为他们提供必要的服务设施和财政资助。对于确定承担服务工作和接受政府财政资助的社会工作机构，社会福利署和有关机构要进行年度考核、审计、评估和日常工作的督导。对于考核不合格的社会工作机构则予以淘汰。为了满足社会服务的需求，香港地方政府每年都确保对社会福利的经费投入，并逐年递增。其中，间接服务项目经费中的70%用于购买民间社会工作机构的社会服务。这些机构经常性开支（包括员工工资）的90%来源于政府的财政资助。如2006—2007年度香港社会福利开支为343亿港元，除了直接服务（把钱直接给服务对象的社会保障）用去245亿港元外，剩下的98亿港元经费中用于购买民间机构服务的资金就达67亿港元。四是为社会服务机构提供必要的设施。根据《城市规划条例》，把服务设施建设纳入新建公共房屋和私人房屋发展计划，根据福利服务设施的布点需要，拨出土地建设福利服务设施或购买已建楼房用于福利服务。这些福利服务设施的相当部分是依照一定的法律程序，提供给被确定承担服务项目的非政府社会工作机构使用的。五是承担部分法定服务。主要是承担由法律规定的社会服务，如感化服务、维护妇女儿童权益的服务、医务社工和教育社工服务等。①

政府对非政府机构的管理和支持还表现在：引入福利服务竞争性投标，更着重于成本效益和物有所值；运行整笔拨款津贴制度，对资助总额会以整笔拨款形式向非政府机构发放，非政府机构在符合“津贴及服务协议”的原则下，可自行决定如何调配运用政府的资助金额；实行服务表现监察制度，与服务单位签订“津贴及服务协议”，内容包括服务单位所提供的服务性质和必须达致的服务水平。香港社会福利服务的特色还表现在强化社会资本，推动官商民三方合作。要建立稳定和谐的社会，不单有赖政府提供福利服务，还需要社会各界发挥互助互惠的精神，共同分担责任和提供社区支持。香港政府致力协助市民自力更生，并透过动员社区资源和建设社会资本，促进政府、商界和第三部门（即非谋利界别）这三方协作；并鼓励市民互相帮助，携手推动社会发展，把有限的资源投放到最有需要的人身上，以确保福利服务的可持续性。②

二、民间社会工作机构在社会福利服务中的角色作用

在香港有两类民间社会工作机构，一类是社会工作管理机构。如社会服务联合会（主要是研讨社会服务政策业务发展，为310个机构

---

① 该段论述引自：民政部赴香港社工考察团，甄炳亮执笔．赴香港社工专业化、职业化考察报告，社会工作和社会工作人才队伍建设网站，2006－06－26，网址：http：//sw．mca．gov．cn/article/tszs/200706/20070610000398．shtml

② 珠海市赴香港学习考察团：香港学习社会管理体制改革考察报告，2009年8月。http：//www．zhuhai．gov．cn/xxfw/zzjg/srmzf/sfzhggj/fgxx/tzgg/200908/t20090813_ 84860．htm

会员提供服务），社会工作者注册局（主要是登记管理注册社工的），社会工作者协会（主要是为作为个人会员的注册社工提供培训等服务），社会工作者总工会（主要是维护社工权益的），义务工作发展局（主要是组织发展义工）等，这些机构一般不提供面向社会大众的直接服务，主要是为社会工作者或社工团体提供服务，承担一定的管理协调职能。另一类是民间专业社会工作机构，它们是开展直接社会服务的主体，民间社会工作机构约占社会工作机构总数的3/4以上，服务单位多达3800多家。各民间社工机构从自身的特点、优势和资源实力出发，结合家庭和个人的需要，分别设置服务部门，因地制宜选择服务模式，并聘请有服务专长和经验的注册社工提供服务。如香港小童群益会，主要为2岁到20岁的儿童、青少年以及家长提供各类型的专业服务；香港圣公会社会福利协会直属的服务单位有118个，分别提供儿童、青少年、安老、家庭及妇女、新移民、残障人士等各类弱势人群需要的社会服务。又如香港仁爱堂，仁爱堂是香港诸多社区服务中心的一家，分别在社会服务、教育服务、医疗服务、康体服务、环保企业等领域为市民提供服务，服务遍及屯门、元朗、大埔、沙田、荃湾、葵青、将军澳、铜锣湾及尖沙咀等区。

民间社工机构在提供服务的同时，还为新毕业的社工学生提供大量就业岗位，成为吸纳专业社工、培育专业社工的主要场所。在这类机构供职的人数达4万多人，其中专业社会工作者达9400多人，全部为接受过社会工作高等教育的专业人士。将近54%的注册社工中就职于这类机构。他们一般在机构担任专业和管理工作，有一套规范的职级评定和晋升制度。工薪待遇大体与公务员相当，高于同等学历的一般从业人员。

三、香港社会工作从业人员状况

2012年，香港社工已超过1.7万人，大多是接受过社会工作高等教育的专业人士，在政府部门任职的社工，其工资参照公务员标准。对于在民间机构任职的社工，收入水平根据本人的资历和职务来定，一般初级社工月薪在1.2万-1.8万港元，高级社工月薪可达6万港元。注册的社会工作者在机构中一般担任专业服务或服务管理工作，有一套规范的职级评定和晋升制度，工薪待遇大体与公务员相当，高于同等资历的一般从业人员。社会工作者在香港是普遍受人尊敬的一个职业群体，绝大多数的社会工作者都十分敬业，他们深入社区，到最困难的人群中去，为民众排忧解难。他们把为服务对象"提供优质的社会福利服务，以助他们面对人生各种挑战"作为自己的使命，把"忠诚投入，坚毅不屈，不断增进知识，磨炼技巧，力求尽善尽美"作为自己的价值观。① 香港在市场经济条件下，实现社会福利服务社会化最成功的经验之一，就是建立起了一个发达的专业化的非政府社会工作机构体系和一支高素质的专业社会工作者队伍，这是香港社会福利社会化的主要基石。

1997年开始，香港对社工采取强制注册管理，《社会工作者注册条例》规定，具有社工注册资格的有四类：具有社会工作学位者；具有社会工作文凭者；没有社工学历，但已从事社会服务工作10年者；没有被认可的社工学历，但现正担任社工职位者。香港目前开设了社会工作系的有6所大学，学生要从社会工作系毕业，除了必须通过社工理论知识课程的考试，还有一项重要内容，即必须完成800小时的社会工作实习。在这个实习过程中，每周至少有1.5小时接受导师的督导，在导师的帮助下对实习中碰到的各种情况进行分析、总结经验并解决问题。

香港社工大都从属于各个社会服务机构，他们在政府的主导下，通过社会服务机构完成社会服务。社工服务主要不是由政府直接提供，绝大多数由民间的机构来实施，这种做法在实践中被证明有很多好处。因为社工"中立"的身份，在处理许多社会问题时就比较主动，他们可以代表民间，向政府反映老百姓的诉求，也可以为政

---

① 香港政府. 关怀与分享——社会福利署40周年〔R〕. 香港特别行政区政府印务局，1998：8.

府排忧解难，于无声处化解各种社会矛盾。

据香港社工注册局统计数据，截至2012年10月，香港社会工作者的学历、就业机构、职级分布见下表：

表2-1　香港注册社工学历表（2012年10月）

资格	人数	百分比（%）
社会工作学位	10794	61.74
社会工作文凭	6552	37.47
具《条例》规定的从事社工的年资	132	0.75
非持有认可学历，但现正担任或已接纳担任社工职位	5	0.03
合计	17484	100

资料来源：香港社会工作者注册局网站，统计数字栏目，网址：http://www.swrb.org.hk/chiASP/statistic_rsw_filter_c.asp

表2-2　香港注册社工任职机构分布表（2012年10月）

机构	人数	百分比（%）
政府部门（包括政府办的服务机构）	2041	11.67
非政府机构	9421	53.88
其他	6022	34.44
合计	17484	100

资料来源：同表2-1。

表2-3　香港注册社工职级分布表（2012年10月）

职级	人数	百分比（%）
首席社会工作主任或以上	18	0.1
总社会工作主任	30	0.17
高级社会工作主任	102	0.58
社会工作主任	726	4.15
助理社会工作主任	3317	18.97
总社会工作助理	31	0.18
高级社会工作助理	432	2.47
社会工作助理	2675	15.3
其他社工职位	4860	27.8
社工教学职位	143	0.82
教学职位（非社工职位）	95	0.54
非社工职位/不详	5055	28.91
合计	17484	100

资料来源：同表2-1。

社会福利署是香港特区政府负责推进、统筹各领域社会工作的实施及发展的管理和指导机关。社会福利署有一大部分员工为注册社会工作者。2006 年的统计数据显示，香港社会福利署有员工 4658 人，其中社会工作职系员工 1753 人（占 37.6%），其他职系（包括心理专家、教师、文员、会计等）2905 人（占 62.4%），社会工作职系员工必须为注册社工。①

表 2－4　香港社会福利署总部和派驻机构的社工职级表（2006）

福利署总部	地区
助理署长	
总社会工作主任	福利专员（首席社会工作主任级别）
高级社会工作主任	助理福利专员（高级社会工作主任）
社会工作主任	单位主管（社工主任）
助理社会工作主任（社会工作助理）	前线工作员（助理社工主任或社工助理职系）
总社工助理	
高级社会工作助理	
社工助理	

资料来源：民政部赴香港社工考察团，甄炳亮执笔．赴香港社工专业化、职业化考察报告，社会工作和社会工作人才队伍建设网站，2006－06－26，网址：http：//sw. mca. gov. cn/article/tszs/200706/20070610000398. shtml

表 2－5　香港社会福利署注册社工分布表（2006）

社工职级系列	人数
助理署长	6
首席社工主任	13
总社会工作主任	15
高级社会工作主任	73
社会工作主任	395
助理社会工作主任	875

---

① 民政部赴香港社工考察团，甄炳亮执笔．赴香港社工专业化、职业化考察报告，社会工作和社会工作人才队伍建设网站，2006－06－26，网址：http：//sw. mca. gov. cn/article/tszs/200706/20070610000398. shtml

续表

社工职级系列	人数
总社工助理	15
高级社会工作助理	176
社工助理	293
合计	1753

资料来源：同表2－4。

四、香港社会福利的经费管理

香港社会福利的资金主要以政府拨款为主，政府拨款从1997—1998年度的204亿港元增长到2006—2007年度的343亿港元，社会福利经常性开支已占政府经常性开支预算的17.3%，在政府经常性开支中，已超过卫生、保安的开支，仅次于占政府经常性开支23.9%的教育。香港的社会福利经费主要通过社会福利署管理。社会福利署建立政府购买服务的预算经费项目，由社会服务机构申请，然后向获得批准的机构提供必要的服务设施和财政资助，还要对这些机构进行年度考核、审计、评估和日常工作的督导。

在2011年至2012年度，社会福利署的开支预算总额为413亿港元。在这413亿港元当中，286亿港元为经济援助，91亿港元为提供给非政府机构的经常资助金，10亿港元为雇用服务的开支，其余26亿港元为部门开支。奖券基金是资助非政府机构非经常开支的经费来源之一。在2011—2012年，奖券基金的预算开支为11亿港元。①

当然，除了政府拨款以外，香港还大力倡导社会捐助，成立了许多基金会，如香港公益金、赛马会等基金组织每年都拿出大量资金资助民间机构提供社会服务。

① 香港特别行政区政府新闻处．香港便览：社会福利〔G〕．香港：香港特别行政区政府新闻处，2011．

五、公众的广泛参与

在社会服务体系中，除了政府和专业社会工作机构以外，还有由广大社会公众参加的“义务工作者”（被称为“义工”）。为了推广发展义工服务，缔造一个文明和关怀的社会，香港于1970年成立了非营利的义务工作发展局（简称义工局）。义工局成立以后，建立“义务工作者”登记制度，规定凡愿意从事义务社会服务工作的都可以向义工局登记成为“义务工作者”，由义工局协调安排他们从事各类社会服务，如2010年义工局组织开展了“抗灾义工大队”、以学校和具体为主的“亲子义工计划”、推广文化艺术的“文化艺术义工计划”、推动退休人士回馈社会的“黄金岁月退休人士义工服务计划”、促进内地和香港合作的“希望学校计划”等。截至2005年年底，全港登记在册的义工总人数有27670人，义工每年参与服务总人次11.8万人次，义工总服务时数为52.5万小时，接受义工服务的对象为314.5万人次。同时，义工局还培训提升义工服务素质，如他们于2003年成立了“义工培训及拓展中心”，为义工人士讲解义工概念、服务技巧等。另外义工局还组织开展大型活动，推广公众教育。如作为国际义工协会成员，义工局在2005年成功组织召开了第十届国际义工协会亚太区义工大会。在香港，社会工作已经成为做好事、做善事的代名词，“有困难找社工”就像我们“有困难找警察”一样家喻户晓，“做义工奉献社会”已经成为包括演艺界明星和广大市民提升地位、净化心灵和奉献社会的首选。

第二节 主要服务领域与工作方法

香港社会工作的内容大致可分为两部分，一部分是社会服务，一部分是社会保障。社会保障包括三项内容：公共援助、特别需要津贴、紧急救济。社会服务则包括了伤残人服务和为社会上需要的人服务两大方面。一般来说，社会保障部分是香港政府直接管辖下的社会福利署及其下属机构社区社会福利总办事处和社区社会福利办事处的工作内容。而社会服务则交由民间志愿团体，即香港社会服务联会所属的包括社团和社区服务中心等在内的各机构执行。这两大系统所承担的社会工作的量是不相等的。“社会服务联会”系统大约承担了整个香港社会工作的70%，社会福利署系统则只承担了大约30%。从表面上看，这两个系统是平行的，但实际上，它们是一个统一的整体。“社联”各志愿团体的经费80%来自香港政府，香港政府一些社会工作的任务和要求，通过“社联”与民间志愿团体进行协调，从而形成香港统一、完整的社会福利与社会工作系统。

香港社会工作的内容是比较全面的。它涉及社会生活的各个领域、各个方面。香港政府社会福利署的工作有五大领域：住房、劳工、教育、医疗、服务，它的这些办事处虽然也直接为市民服务，但其主要工作还是制定社会政策，以及社会工作人员的岗位培训，即主要是宏观的社会工作。“社联”属下的会员单位（社团）即民间社会工作机构名目繁多，服务的内容十分广泛。

一、政府的社会工作服务

香港特区政府提供的社会工作服务是指制定社会工作服务政策和措施，监管、支持、指导和评估社工机构、社会工作者以及向居民提供直接的经济援助等。政府向居民提供的直接经济援助包括三个方面，一是公共援助。凡是居民遇到生活困难都可以申请，不过要经政府调查。而且有一定的资格限制。如必须在港居住满1年以上，年龄在15岁到59岁之间、身体健全而失业的人士。1984年申请领取该项援助现金人士59320人，金额4866亿港元，每人每月平均683.5港元。1991年至1992年度金额总数已上升为113583亿港元。根据公共援助规定，单身人士每月可领取510港元（1988年度水平）。年龄在60岁以上，如没有接受特别需要津贴或伤残补助的老人还可以每月再领取255港元的老人补助费。部分弱能、已丧失一半工作能力而接受公共援助者，如没有领取老人补助及特别需要津贴者，每月可领取255港元的伤残补助费。全年12个月均需公共援助的家庭则每年还可领取1290港元，单身者645港元。此外，对租金、学费、膳食及其需要开支还可以提供特别补助。非身体健全者兼职每月收入在255港元以内者不予以扣除。二是特别需要津贴。主要为年龄在70岁以上高龄人士及伤残人士而设立。规定凡住满5年，不论经济情况如何的高龄人士和住满10年的伤残人士，不分年龄，均可提出申请高龄津贴和伤残津贴。伤残者每月为510港元。高龄者为255港元（1988年度水平）。三是紧急救济。主要给经受天灾及其他灾害的灾民以紧急救济。包括现金、食物和用品等。其余还有交通意外受伤害人士和因执法人员执行公务而受伤人士的援助和赔偿开支。

现阶段，由社会福利署管理的社会保障计划有以下5种：（1）综合社会保障援助计划（综援）。采用现金援助方式，协助有需要的家庭达到一定入息水平，以应付生活上的基本需要。援助金大致分为下列三类：按不同类别的综援受助人而发放的标准金额，以应付基本及一般需要；根据个别受助人的特别需要而发放的特别津贴，以支付租金、必需的交通费、学费及特别膳食费用等；以及发给特定类别受助人的长期个案补助金、单亲补助金、社区生活补助金及交通补助金。身体健全的失业受助人需参加自力更生支持计划，该计划的目的是透过提供个人就业服务来帮助他们自力更生。在综援长者广东及福建省养老计划下，符合既定申请资格的综援长者如选择到广东或福建省养老，可继续领取现金援助。（2）公共福利金计划。分别设有高龄津贴及伤残津贴，目的是提供定额津贴，以应付长者和严重残疾人士的特别需要。年龄由65至69岁的高龄津贴申请人须接受经济状况调查，而年满70岁的长者则无须接受经济状况调查。伤残津贴是发给因身体残疾而相当于完全失去谋生能力的人士。(3)暴力及执法伤亡赔偿计划。向因暴力罪行或因执法人员使用武器执行职务而引致意外受伤的人士或死者遗属提供现金援助。(4)交通意外伤亡援助计划。向道路交通意外受伤人士或死者遗属迅速提供经济援助。(5)紧急救济。社会福利署并为天灾及其他不幸事故的受灾群众提供紧急救济，包括提供热饭（或以现金代替膳食）及其他必需用品。

而如果市民对于社会福利署就社会保障福利的申请资格和发放情况所作决定有不满而要提出的上诉时，香港也有社会保障上诉委员会负责处理。这是独立的非政府组织，由非官方人士组成。

二、民间社会工作机构的主要服务领域和服务方法

经过近60年的发展，香港的社会工作面向全体人民特别是弱势群体社会生活的各个方面提供服务，主要集中在家庭和儿童福利服务、安老服务、康复服务、青少年服务、社区服务、医务服务和犯罪辅导等领域。

（一）家庭和儿童福利服务

家庭是社会的细胞，家庭关系的健康和谐，对个人生活的幸福和社会稳定有着极大的影响，特别是妇女、儿童权益的保护往往与家庭问题密切相关。为家庭和儿童提供社会服务是香港一项重要的社会工作。香港社会福利署确定的家庭服务的目标和工作方法是："家庭服务的目标，是维系和加强家庭凝聚力，促使家庭和睦，协助个人和家庭预防及应付问题，并为未能自立应付需要的家庭提供协助。采取三管齐下的方式，为支持家庭提供一系列服务，分别为：第一层面：预防问题和危机，举办宣传、公众教育、自强活动和及早识别有需要的家庭；第二层面：系列的支持服务，由发展计划至深入辅导；第三层面：专门服务和危机介入服务，以处理特定问题，

例如家庭暴力和自杀等问题。”[①] 其儿童社会工作的目标是：“保护儿童利益及权利是社署家庭服务其中一个主要目标。作为家庭服务的重要一环，儿童福利服务的目的是为有不同需要的儿童，提供及安排一个安全和亲切的环境，让他们健康成长，成为社会负责任的一员。”[②] 2007 年至 2009 年儿童社会福利的服务重点则包括：“领养；紧急幼儿服务的发展：为保护亟须照顾的儿童（包括虐儿个案的受害人及来自破碎家庭或突然面对家庭危机的儿童）；日间幼儿服务：日间儿童之家及日间寄养服务和互助幼儿中心。”[③]

2008 年至 2009 年度，香港所提供的家庭服务第一层面有：“凝聚家庭·齐抗暴力”宣传运动；22 名社工提供的家庭生活教育（共举办 1381 项活动，有 80401 人出席）；并组建 7 队家庭支持网络队为香港家庭提供服务。第二层面有：61 间综合家庭服务中心及 2 间综合服务中心共处理 88861 宗个案，并开办 8983 个小组及活动；44 个家务指导员共处理 3081 宗个案；第三层面有：1 间家庭危机支持中心共接到 26114 个来电，并为 753 位身处危机的人士/家庭提供服务；1 间综合危机介入及支持中心共接到 17317 个来电，共处理 76 宗个案；1 间自杀危机处理中心共处理 1304 宗个案；4 间妇女庇护中心，全年平均入住率 83.8%，共处理 828 宗个案；11 队保护家庭及儿童服务课，曾为 10272 个家庭提供服务，共为 877 宗怀疑虐待个案与警方进行联合调查，并完成 1611 个社会背景调查报告；预防及处理虐待长者服务中心为 120 名社署及非政府机构前线员工举办“认识及处理虐待长者个案技巧”的训练课程和为 153 名社署及非政府机构前线员工举办“认识与虐待长者个案有关法例”的训练课程；3 队露宿者综合服务队，帮助 151 宗个案的受助人脱离露宿生活，59 宗个案的受助人获安排就业。[④]

---

① 香港特别行政区社会福利署．社会福利署回顾 2007－08&2008－09〔G〕．社会福利署年报 2007－08&2008－09，2009.10：19 页．

② 同①：25．

③ 同①：27．

④ 同①：20－22．

2007年至2009年度，香港儿童福利服务数据见下面三个表格：

表2－6　香港儿童领养服务（2007—2009年）

服务单位数目		已处理新领养申请个案数目（宗）	
	2007—2008年度		2008—2009年度
社署	2	156（本地领养申请）	150（本地领养申请）
非政府机构	3	30（海外领养申请）	26（海外领养申请）

数据来源：香港特别行政区社会福利署：《社会福利署回顾2007－08&2008－09》（《社会福利署年报》2007－08&2008－09），2009年10月，第25页。

表2－7　香港儿童住宿照顾服务（2007—2009年）

	中心数目（间）		名额数目（个）		平均入住率	
	2007—2008年度	2008—2009年度	2007—2008年度	2008—2009年度	2007—2008年度	2008—2009年度
寄养服务	不适用		950	950	93 %	91.6%
儿童院	5	5	391	403	93.6 %	93%
儿童之家	108	108	864	864	93.5 %	93%
男童宿舍	1	1	15	15	89.3 %	90.5 %
女童宿舍	3	3	65	65	92 %	91.6%
男童院（附设群育院舍）	4	4	429	457	90.4%	87.6%
男童院（无附设群育院舍）	3	3	195	195	88.3%	88.6%
女童院（附设群育院舍）	2	2	188	200	91.2%	84.1%
女童院（无附设群育院舍）	1	1	30	30	86.7%	85.1%

数据来源：同表2－6。

表2－8　香港幼儿中心服务（2007—2009年）

	中心数目（间）		名额数目（个）		平均使用率	
	2007—2008年度	2008—2009年度	2007—2008年度	2008—2009年度	2007—2008年度	2008—2009年度
独立的幼儿中心	12	12	666	682	95%	97%
暂托幼儿服务	220	219	548	547	70%	56%
延长时间服务	104	104	1244	1244	88%	85%
互助幼儿中心	22	23	305	314	7.8%	8.4%

数据来源：同表2－6，第26页。

非政府机构的家庭服务如明爱苏沙伉俪综合家庭服务中心。这是一家有着20年历史的位于沙田的婚姻家庭服务的机构，并且很有针对性地为男士提供服务。这种专门针对男士的家庭服务让人耳目一新。婚姻家庭辅导在这里却备受关注，发展出很多小组和服务手法。

非政府机构的儿童福利服务如协康会的自闭症儿童康复训练基地。这是香港的最好的自闭症儿童康复训练的基地，服务效果非常好。但是收费相对也比较高，排队等待服务的时间也比较长。中心的主任一般是注册社工。

（二）青少年服务

香港十分重视青少年的成长发展，在香港帮助青少年成为对社会负责和有贡献的人是一项区别于儿童服务的专门社会工作。香港青少年社会工作的基本目标是：针对青少年在社交、康乐、学业和成长方面的需要，协助他们健康成长，发展潜能，培养公民责任感，贡献社会。香港设有16个青年事务办事处，负责统筹、组织、辅导各项青年服务工作，包括综合青少年服务中心、儿童及青年中心、学校社会工作、外展青少年社会工作，建立各种青年活动小组，举办各类青少年暑期活动和社区青年团体活动等。①

香港政府规定，每2万－3万人口必须设立一个青少年中心，由政府资助的民间社会工作机构承办。中心不仅是青少年的文化娱乐场所，还为青少年提供成长和发展方面的指导及个案辅导，为身处不利环境的边缘青少年、新来港的青少年、低收入家庭和单亲家庭的青少年、中途辍学和在校成绩欠佳的学生等提供社会工作服务，帮助他们克服家庭以及个人在学习、情绪、社交等方面的困难。如帮助新来港的青少年解决就学问题，为他们适应新生活环境提供辅导，帮助低收入家庭和单亲家庭的青少年协调家庭关系，解决一些经济、住房等方面的具体困难。截至2005年年底，香港共有206个青少年中心，为6－24岁的青少年提供服务。

在校学生是青少年人群的主体，为了使青少年学生能更好地成长，从2000年起，香港政府规定，香港学校实行“一校一社工”制度，覆盖香港的大中小学，而中学则是香港学校社会工作的重点。

① 庄晓芸．香港青少年社会工作的经验及其启示〔J〕．云南财经大学学报（社会科学版），2009（2）．

在中学配备有专门的社会工作者，以专业的社会工作方法为在校中学生提供学业、康乐、情绪和人际关系等方面的辅导和服务，帮助学生解决来自家庭、学校以及社会各方面的问题，克服学习中的困难。

除了青少年服务中心和学校社会工作以外，“外展社会工作”是一项颇有特色的青少年社会工作。香港的专业的社会工作机构还在课余时间和休息日专门派工作人员前往青少年常去的场所和街头，特别是青少年犯罪率高的地区，和青少年接触、交朋友，对中途辍学的学生、离家出走的青少年，以及一些青少年群伙，开展有针对性的辅导和服务工作，帮助他们恢复学业、回归家庭，引导他们走上正途。此项工作在香港被称为青少年的“外展社会工作”，是一项颇有特色的青少年社会工作。

如协青社，香港协青社创建于 1991 年 11 月，是一所专为年轻人提供危机介入服务的机构。它是帮助、挽救边缘青少年的一个社团组织，其性质我们理解是社区帮教组织，但这种帮教对象不是服刑人员，而是对未犯罪但可能成为犯罪组织拉拢对象的青少年，对这些人进行关怀引导，使他们能面对社会，培养自立能力，避免其犯罪。

在香港，现时每年有超过 7 万名青少年晚上不回家，他们宁愿和朋友整夜流连街头，也不愿意回家。而在香港夜不归宿是很危险的，因为黑社会、皮条客及毒贩们都在四处寻觅猎物，而青少年正是他们猎寻的目标。正是基于此，协青社把关心边缘青少年作为本职工作，他们设法在黑社会未接触这些青少年之前，以亲情般的关怀和诚意与他们沟通，使他们感觉到“被关心”，继而远离不良人员的拉拢。正如一个被帮助过的家长所言：“虽然年少无知的人很多，但社工如能成功帮助一个青年走正路，起码监狱就少‘坐’一个犯人，间接也帮了社会。”①

---

① 杨杰，刘春兰. 香港协青社：边缘少年之家，天津检察网，网址：http：//tjzf.enorth. com. cn/system/2008/10/22/010015314. shtml

协青社的成员每晚有搜寻队遍布香港每个角落，搜寻那些彻夜不归宿的青少年。他们中除了青年人以外，有的甚至只有十一二岁，甚至曾经有一个6岁的小孩深夜在街头徘徊而被带回协青社。这些人中有的是无家可归，有的是和家里人的关系隔膜而不愿回家，有的是受情绪困扰流连街头的。在征得他们同意的情况下，协青社把他们带回。协青社的危机介入中心为他们提供吃住，那里有专业社工关心他们、照顾他们。这些关心是发自真心的，一个进入过协青社的舍员这样说："一个陌生人如此关怀我，让我感到安慰。当我看着一个既陌生又真挚的眼神时，我似乎找到了一个失散多年的亲人，细想那不过是我多年没有碰触的眼神，是一双慈父的眼睛，是我所渴望的。"①

协青社内有心理咨询医师为青少年提供心理服务帮助；设有蒲吧，为"边青""夜青"提供24小时开放的文化活动场所，那里有卡拉OK房、街舞场、网吧、电玩中心、桌球室、篮球场、露天泳池、高空攀岩、音乐舞台以及自习室，青少年可以在那里进行各种的文体活动的交流；有培养他们自立的自立堂，在那里他们自己动手料理生活，锻炼生活能力；有暂时就业场所——协青就业服务中心，在就业服务中心，锻炼适应工作的能力。协青社通过这些专项活动，培养、发掘青少年的自信心和勇气，甚至起到其家庭不能起到的作用。

协青社除了对这些边缘年轻人提供安居场所外，还把对他们的培养作为服务社会的工作。在现今的香港要找到一份工作是很困难的事，对于这些边缘青少年，他们没有专业的技能，又没有足够的学历，想要找到工作更是难上加难。因此，协青社设立协青就业服务训练平台，给予他们稳定的工作和训练，培养他们对工作的兴趣和毅力，之后协青社便把他们推介到相关机构或公司工作，最后使他们能够自食其力。

---

① 杨杰，刘春兰．香港协青社：边缘少年之家，天津检察网，网址：http：//tjzf.enorth．com．cn/system/2008/10/22/010015314．shtml

（三）安老服务

香港是个老龄社会，关怀老人、让他们安度晚年，在香港已被公认为是社会的责任，因此，安老服务是香港一项主要的社会工作。香港老年社会工作的基本目标是：全面促进60岁或以上长者的福利，通过提供有关服务，鼓励并协助市民照顾他们的年长家庭成员，并提供多元化服务，协助那些未能在家庭中获得照顾的长者安享晚年，同时鼓励长者继续参与社区活动，发挥所长，最终达致“老有所依、老有所属和老有所为”的理想。经济保障是老年人得以安享晚年的基本条件，但是只有经济保障并不能真正做到老有所养、老有所属和老有所为的目标，老年人的社会服务和社会参与需求是多方面的。为了使老年人能安享晚年，并且继续参与社会活动，发挥所长，政府除了为生活困难的老年人提供经济上的保障外，还注重为社会各阶层的老人提供多样化的社会服务。香港政府规定，每2万人左右的社区就要设立一个老人社会服务机构，例如老人综合服务中心、老人活动中心、日间护理中心等，截至2005年年底，香港共有263个老人活动中心，28个老人综合服务中心，28个老人日间护理中心。

服务机构本着持续照顾的原则，在政府的资助下，利用各类社区资源，关怀和协助老人独立生活或者援助家庭成员照顾年长的家人。开展家务助理服务，为体弱多病又没有亲友照顾的老人提供家居服务，使老人们在熟悉的环境中生活，并得到照顾。截至2009年3月底，香港共有长者地区中心41间，长者邻舍中心115间，长者活动中心57间，长者日间护理中心/单位58间（2234个名额），综合家居照顾服务60队，家务助理服务1队，改善家居及小区照顾服务24队（3466个名额）；安老院舍照顾服务院舍和资助宿位名额分别是：津助安老院舍123间（16194个名额），津助护养院6间（1574个名额），合约安老院舍14间（1064个名额），参加改善买位计划的私营安老院129间（6621个名额）。[1] 在提供服务的同时，还积极鼓励老人参与社会活动，发挥所长，例如推行“长者义工计划”，组织吸纳老人从事义务工作，开展“老有所为活动”，帮助老人学习新知识和新技能，便于他们参与社区生活和服务社区。

如仁爱堂，仁爱堂作为香港13个社区中心的其中之一，为老年人提供着各种服务。包括设立长者中心，提供老年日间暂托服务，实行综合家居照顾服务和经营护理安老院等。

（四）康复及医务社会服务

香港的康复及医务社会工作的宗旨是协助残障人士尽量发展体能、智慧和适应社会生活的能力，鼓励他们融入社会，从而享有与其他人一样的平等权利；提供医务社会服务；向滥用药物人士提供预防和康复服务。服务内容主要包括：6岁以下残疾儿童的特殊教育、收养和寄托服务；为中度和严重弱智的残疾人提供生活技能和简单的职前训练；给有劳动能力的残疾人提供就业辅导、职业训练，协助他们获得就业岗位；对不能在社会上就业的残疾人士，安排他们进入庇护工场工作，庇护工场则在社会福利署的市场顾问办事处运筹和指导下经营。为了使残疾人能获得更好的康复环境和参与社会生活，香港在各社区建立了社区康复网络，由社区为残疾人、长期患病者及其家人提供教育、训练以及支持性服务，并鼓励病患者建立互助网络。社会工作机构还开办“家长资源中心”，为残疾人士的家人提供互相交流的场所，并在社会工作者的指导下学习照顾残疾人的知识和技能。康复及医务社会工作对维护香港残障人士“平等机会、全面参与”的社会权利起到了非常积极的作用。

香港社会福利署在医院管理局属下的医院和专科诊所，卫生署辖下的大部分诊疗所，都派驻有医务社会工作者，为病人及其家属

① 香港特别行政区社会福利署．社会福利署回顾2007－08&2008－09〔G〕．社会福利署年报2007－08&2008－09，2009．10：32．

提供必要的心理辅导，转介家务助理和社区支援服务，协助申请社会保障援助和豁免医疗收费，帮助病人制订康复和出院计划等。

（五）违法者服务

对违法者的服务，主要是根据 1992 年实行的《社会服务令条例》，由社会福利署组织社工提供“违法者辅导服务工作”。《社会服务令条例》规定，法庭可以命令 14 岁以上，原本需要判处入狱的“过犯”从事无报酬的社会服务工作，以服务社会代替入狱，违法者必须在 12 个月内完成至少 240 小时的无偿社会服务，在社会服务中改过自新。社工对违法者服务是透过社会工作的介入手法，包括感化服务、监管、组成青少年犯罪评估专案小组为等待判决的违法者、囚禁的犯人以及需要上诉的人士撰写背景报告、社区支援服务计划、监管释囚计划、感化住宿院舍服务、职业及社交技巧训练等，帮助违法者改过自新，协助他们重返社会，成为奉公守法的市民。

对于违法者，香港有“违法者辅导服务工作”，内容包括：依照法院判令对违法者提供法定辅导，为等待判决的违法者、囚禁的犯人以及需要上诉的人士撰写背景报告，以供法院判案。实行“社会服务令”，让 14 岁以上的违法者根据法院的裁定，在社区从事无报酬的工作，服务社会，改过自新。

（六）社区发展

香港的社区发展也是一项重要的社会工作，香港社区发展的宗旨是透过各项社会工作服务，鼓励市民识别他们的需要，运用社区资源解决问题，从而提供市民对社区的归属感。在具体服务提供方面，主要是把社区工作与其他各项专业社会工作结合起来，建立社区中心，为居民提供多元化的服务，发展邻舍层面社区发展计划，开展社区综合邻舍计划，促进社区居民的身心发展，改善社区生活质量。

香港的社区发展也是一项重要的社会工作，并在 20 世纪 90 年代提出了“发展有华人社会特色的社区工作”的理念①，把社区工作与其他各项专业社会工作结合起来，为居民提供多元化的服务，鼓励居民参与和解决社区问题，增强社区的归属感，促进社区居民的身心发展，改善社区生活质量。

如仁爱堂彩虹社区中心就通过发行社区货币——屯（一种时分券）作为社区互助媒介，提升居民能力和凝聚力。

（七）培训服务

香港的社会工作不仅为各类社会弱势群体提供社会服务，而且渗透到了社会生活的许多层面。香港为失业者设有专门的就业培训计划，要求失业者参加培训，培训由专门的社会工作机构负责，不仅是免费的而且还按日发给受训者津贴。

如仁爱堂设有大型政府再培训局委托的培训中心。中心设有6个培训点，32名员工。该中心发展迅速，现设置143个培训班为2980人提供培训。培训费用主要来自再培训局，一年约有1000多万港币。

香港的再培训计划是政府应对失业人数增加和青少年就业率低的行之有效的措施。其培训除了种类丰富之外还有很多优惠措施，如参加培训者在达到80%的出勤率后能得到相当可观的一笔参训补贴。免费接受培训还能拿到补贴实属闻所未闻。而且，在参加考试合格后，能拿到职业资格证书或者文凭，且由培训机构跟进推荐工作。仁爱堂培训中心的就业率高达86%。而来港7年之内的新移民妇女参加入职培训除了可以免学费，免费使用电脑等多媒体设备外，仁爱堂培训中心还提供新移民妇女受训期间的托儿照顾和津贴。课程同时提供英文和个人修养培训，服务极佳。其他的培训课程也很多，如化妆班、婚礼及宴会筹划、电脑、文秘、行政、护理等，一应俱全。

---

① 莫泰基，等．香港社区工作〔M〕．香港：中华书局，1995：3．

为保证培训质量和保证政府拨款用在最需要的对象身上，仁爱堂培训中心对前来申请培训的学员实行先面试审核再入学的办法。一般必须符合申请基本条件（如年龄、学历等），而符合条件后严查“就业动机”。对于就业动机不强的学员，不予批准，以保证不浪费资源和考试通过率及就业率等。

第三节　主要专业组织

香港的社会服务从一开始就是由民间社会组织提供的。先有社会服务的需要，然后才有社会服务组织。香港社会服务组织的历史悠久，如果从1870年东华三院成立开始算起，香港社会服务发展至今已有近140年的历史。其实，在东华三院以及1883年成立的保良局之前，就有一些福利服务由天主教或基督教的差会包办，如1860年成立的嘉诺撒修会弃婴收容所，主要从事实物救济的工作。①

非政府社会工作机构是依法建立的独立法人组织，机构规模有大有小，下属的服务单位一般都以某一专业服务为方向，如青少年服务、老年服务、家庭儿童服务等。许多社会工作机构都具有宗教团体的背景，慈善与宗教组织是香港非政府社会工作机构的主要源头之一。非政府机构根据政府的社会福利政策和社会服务要求，确定自己的社会服务目标和项目，有自己的组织章程和管理机构，按照规定的社会工作者的要求，自主招募工作人员，在政府的资助下开展各项社会福利服务，并接受政府和社会的监督。同时，非政府的社会工作机构也对政府的社会政策提出建议和批评，参与社会政策和社会福利服务计划的制订，监督政府的社会福利工作。香港社会服务联会是非政府服务机构的协调组织，在制定社会政策和发展社会服务方面，负责协调社会工作机构与政府之间的关系（吴亦明，2002）。

① 成元君，陈锦棠．经验与启示：香港民间社会组织的发展〔J〕．学习与实践，2010（1）．

一、香港社会工作专业组织的分类

香港的社会工作专业组织分为两大类，一类是隶属于社会福利署的部门机构，另一类是非政府的专业服务机构，其中非政府机构约占总数的3/4以上。由2002年年底开始至2003年中完成的“香港第三部门的现况研究”表明，香港第三部门共有大约9300个活跃及可识别的组织，接受政府资助的单位亦达2000个以上。这些组织承担着香港80%左右的社会服务工作，有些社会服务项目，如家务助理服务队等则完全由非政府机构承办，非政府机构是香港社会工作的主体力量。

从服务的性质看，香港民间社会组织之类型是多元化的，分布于经济、文化、宗教、法律、政治、医疗、福利、环保，以及慈善等领域。其目标上亦变为复杂化，其中可分为“利益为本”（interest－based）、“发展导向”（development－driven），以及“议题导向”（issued－oriented）等发展方向。各类别组织存在不同程度差异。按组织的目标和使命、组织会员数目及规模、活动举办，以及资金来源等方面。我们可以把这些组织分为六大类别（见表2－9）。[①]

表2－9　　香港社会组织六种不同类型

价值理念	机构种类	价值及服务重点
慈善及服务型	教育与研究医疗服务福利服务	提供社会福利，令有需要人士受惠。一般大众只要合乎要求均能受惠
意识型	环境　公民及倡议　政治　法律及法律服务　国际及跨国	改变政策或提高关注。主要为目标团体争取权益，例如妇女、残疾等组织

① 成元君，陈锦棠．经验与启示：香港民间社会组织的发展［J］．学习与实践，2010（1）．

续表

价值理念	机构种类	价值及服务重点
地区型	社区组织	目的是为地区会员提供服务。机构大小不一，活动包括地区文娱活动，有些是政府与市民的桥梁
文娱活动型	艺术与文化　体育	集中关注兴趣范围
工会及专业型	专业、工业、商业及工会	宗旨主要是代表会员。活动主要是为会员提供培训，及建立专业认证及游说政府
信仰型	宗教	在教育（51%）、医疗（45%）及社会福利（16%）有不少建树及贡献

资料来源：成元君，陈锦棠．经验与启示：香港民间社会组织的发展〔J〕．学习与实践，2010（1）．

香港民间社会组织的资金来源，因组织的性质不同，来源各异，主要有以下类型（见表 2 – 10）。

表 2 – 10　不同性质机构的资金来源

机构性质	资金来源	机构性质	资金来源
教育与研究	政府	法律及法律服务	政府
福利服务	政府、公益金、赛马会慈善基金	社区组织	董事、政府
医疗服务	政府	慈善及中间媒介	筹款
环境	筹款	专业、工业、商业及工会	会员、收取费用
公民及倡议	公益金、个人筹款、海外捐赠	宗教	物业、信徒捐赠
政治	会员、政府、筹款	体育	政府、会员
国际及跨国	海外筹款、本地筹款	艺术与文化	政府、公司捐赠

资料来源：同表 2 – 9。

另外，根据社会组织的专业性以及是否从事面向服务对象的直接服务等，还可以将香港的社会组织分为四种类型（见表 2 – 11）。

表 2－11　　香港社会工作与义务工作主要机构

机构类型	主要机构名称	主要功能	说明
社会工作专门机构	社工注册局、社会工作人员协会、社会工作者总工会	注册局负责注册与管理、协会管理与服务、总工会服务与维权	这些机构具有独立性
义务工作专门机构	社会福利署义工统筹科、义务工作发展局、青年义工网络	福利署负责倡导、义发局负责倡导和推动、青年义工网络具体推动青年服务	义务工作发展局成立初期也是自主服务的社团，现在演变成为协调支持其他义工组织的机构
提供直接服务的机构	香港社会服务联会、香港救世军、香港东华三院、香港游乐场协会等	越来越多社团建立义务工作队伍，将非营利服务与义工服务区别	大多数宗教机构在开展义工服务时不传教，少数有传教
应急义务工作的相关机构	香港民众安全服务队	应急救援服务、大型活动安全服务、平时训练服务	严格限制总人数4300人，但是少年团另外有4200人

资料来源：谭建光．香港社会工作与志愿服务调查报告，广东志愿者事业发展基金会网站，志愿服务理论前沿栏目，2009.

网址：http：//web．gdcyl．org/zyzjj/ShowArticle．asp？ArticleID＝3456

二、主要的专业组织介绍

（一）社会福利署

社会福利署是香港特区政府负责社会保障和社会福利服务的宏观管理和指导的行政管理机关。福利署设署长 1 名，副署长 1 名，属于政务官员，设 6 名助理署长，下设发展、安老服务科、家庭及儿童福利科、康复及医务社会服务科、临床心理服务科、青年及感化服务科、津贴科等 11 科，负责推进、统筹各领域社会工作的实施及发展，同时，在 12 个区设有社会保障办事处、综合家庭服务中心和若干感化办事处，提供具体的专项社会服务。

（二）香港社会服务联会

香港社会服务联会（Hong Kong Council of Social Service），简称社联（HKCSS），是一个代表非政府的香港社会福利服务机构，成立于1947年，目的是为了有系统地统筹及策划各种社会福利服务工作，并致力推动香港社会福利的发展。香港社会服务联会较著名的是“商界展关怀”计划。香港社会服务联会现时有超过310个机构会员，3000多个服务单位，为香港市民提供超过九成的社会福利服务。社联信守社会的公义、公平，肯定人拥有天赋的权利，而社会有责任为每个公民提供基本的社会和经济资源；个人亦有义务履行对家庭和社会的责任，自力更生、实现自我。社联的工作范畴是支援社会福利机构；提供会员服务及专业支援包括：机构财务及行政、资源发展及筹款、企业社会责任及伙伴联系。社会服务则分四个服务范畴：儿童及青少年、长者、家庭及社区和复康服务。为了支持社会福利政策，社联会监察及分析社会发展数据及趋势；对社会政策进行分析。同时社联代表香港志愿福利界参与国际及地区社会福利及社会发展议程，增强与国际上的交流。

（三）社会工作人员协会

香港社会工作人员协会（Hong Kong Social Workers Association，HKSWA）是香港社会工作人员的专业组织。其宗旨为团结社工，发展专业。目的是提高香港社会工作的专业水平，培养优秀的专业道德和守则，就社会工作的专业及有关社会福利政策向有关当局提供意见。服务对象为香港在职的社会工作者及在大专院校就读的社工系学生。香港社协是国际社会工作人员协会和香港社会服务联会的成员。

（四）社会工作者注册局

社会工作者注册局（Social Workers Registration Board）是根据

1997年6月6日生效的《社会工作者注册条例》（以下简称《条例》）而于1998年1月16日成立的法定机构。注册局财政独立，其权限受《条例》严格规管。《条例》的制定，旨在透过监管机制，监察社会工作者的素质，最终达致保障服务使用者及公众的利益。根据条例规定，任何不是名列注册记录册的人士无权使用“社会工作者”的名衔或其他相关描述的称谓。

社会工作者注册局由15名成员组成，当中8名由注册社工选出，6名由特区行政长官委任，1名为社会福利署署长或其代表，每届成员的任期为3年。条例规定，所有注册局成员不会因该职务而获付酬金，他们均以义务形式服务注册局。注册局的职能主要包括：（1）制定及检讨注册为注册社工的资格标准及有关的注册事宜，（2）处理有关注册及续期注册事宜，（3）处理有关注册社工的违纪行为事宜，（4）备存注册记录册。

（五）香港社会工作者总工会

香港社会工作者总工会（Hong Kong Social Workers' General Union，简称社总、HKSWGU）成立于1980年5月，首任会长为前区议员麦海华，社总现任会长为立法会议员张国柱（社会福利界）。1979年一群居住于油麻地避风塘的艇户被当时港英政府迫迁，一众社会工作者以社会公义精神支援当地居民，以获得合理安置。但多名当时支援居民的社工，却于一次请愿中被拘捕并以“公安条例”检控。这就是香港社会运动中的“油麻地艇户事件”。事后，一众社工认为当时的社工团体未能争取合理权益。与此同时，社会福利署宣布进行“福利职级检讨”，提高当时政府所雇用的社会福利从业员待遇，但一众志愿机构、非政府组织的社会福利从业员未能受惠。因此前线社工认为需要团结并成立一个代表社会福利从业员意见的团体，并于1980年5月成立香港社会工作者总工会。社总的目标是团结同工、争取权益、改善服务、支持正义。

（六）东华三院

东华三院的创办，可溯自建于1851年位于港岛太平山街的广福义祠。义祠原用作市民安放先侨灵位的地方，后来却成为流落无依人士及垂危病人的居所，卫生环境日益恶劣，引起政府及全港市民的关注。当时一群热心公益的华人领袖有见及此，便倡议集资于附近兴建一所医院。1869年，港督麦当奴拨出上环普仁街一个地段，资助11.5万港元建院费用，并于1870年颁布《倡建东华医院总例》，创办香港第一间华人医院。医院尚未落成，创院的华人领袖已在院址附近开设临时赠医所为贫病者提供服务。至1872年，东华医院落成启用，为贫苦市民提供免费中医药服务，奠定了东华三院善业的基石。其后，随着人口不断膨胀，医疗服务需求日增，位于九龙油麻地的广华医院及香港铜锣湾的东华东院相应于1911年及1929年分别落成投入服务。1931年，东华为加强三间医院的行政管理及资源分配，决定由一个董事局统一管理三间医院，合称“东华三院”。

东华三院一直秉承“救病拯危、安老复康、兴学育才、扶幼导青”的使命和承诺，时至今日，已发展成为全港规模最大的慈善社会福利机构。在过去100多年，东华的医疗、教育及社会服务均有长足发展，迎合社会需求，为市民提供收费低廉或免费的优质服务：一是中西医疗卫生服务。共有28个医疗卫生服务单位，包括5间医院，即东华医院、广华医院、东华东院、东华三院黄大仙医院及东华三院冯尧敬医院，共设2666张病床。二是教育服务。共有52间教育服务单位，包括1间东华学院、1间与香港中文大学合办的社区书院、18间中学、14间小学、15间幼儿园、2间特殊学校及1间教育心理服务中心。三是社会服务。共有151个社会服务单位，包括43个安老服务单位、49个儿童及青少年服务单位、42个复康服务单位及17个公共服务单位。

现时东华三院共有超过230个服务单位，员工超过1万名，经常性总开支达52亿港元。

（七）保良局

保良局是香港一个慈善团体，历来以“保赤安良”为宗旨，初期主要是遏制诱拐妇孺，为受害者提供庇护及教养。随着香港社会的转变，现已成为一个庞大的社会服务机构，提供优质多元服务。

保良局的使命是秉承“保赤安良”的宗旨，以现代化及高度经济效益的管理，提供优质、专业及多元化的社会服务。目前保良局共办有超过230个服务单位，遍布港九新界。保良局提供的服务主要有：（1）社会服务，包括：综合家庭服务、幼儿服务、儿童及青少年服务、康复服务和安老服务等；（2）教育服务，包括：社区书院/专上教育、预科书院、资助中学/直资中学、夜校、优质私校、资助小学/直资小学、幼儿园、特殊学校、教育服务中心和新来港学童启动课程等；（3）文化服务，包括：保良局历史博物馆；（4）康乐服务，包括：北潭涌度假营、赛马会大棠度假村、户外教育营历奇程序等。

（八）仁爱堂

仁爱堂源自一历史悠久之乡村福利组织，自20世纪30年代开始建立诊所，赠医施药，并展开救贫赈灾的工作。为配合社会的发展及需要，于1977年注册为非谋利慈善团体，积极拓展各项服务计划，为市民提供社会福利、教育、医疗、康体等服务，服务遍及屯门、元朗、大埔、沙田、荃湾、葵青、将军澳、铜锣湾及尖沙咀等区。现今，仁爱堂共有服务单位超过70个，受惠的人数及对象与日俱增，可说是与广大市民的福祉和休闲生活息息相关。近年，仁爱堂先后成立了“乐助弱老基金”、“仁爱堂庄舜尔援助癌症基金”、“仁爱堂教育发展基金”及“仁间有爱”支援计划等提供适切的援助予不同需要的人士。

仁爱堂分别在社会服务、教育服务、医疗服务、康体服务、环保企业等领域提供服务。

（九）香港基督教服务处

基督教服务处成立于1952年，其宗旨是为市民提供多元、专业和人性化的社会服务。目前共有全职员工1053名，其中，注册社工208人，职工180人，文员、技工205人，幼儿工作157人，福利工作员、家务助理员、个人护理员149人，教师78人，医生、护士、物理治疗师、职业治疗师、临床心理学专家65人，行政11人。可以看出，注册社工是使用最多的专业人员。

（十）香港小童群益会

小童群益会创立于1936年，主要是对儿童、青少年提供社会服务。其中深水涉青年服务队有25名队员，全部为注册社工，他们主要是到青少年聚集的地方进行社会工作，即帮助与社会系统脱节、容易受到不良影响的青少年，帮他们认识及尝试解决个人问题，改善个人环境，改善偏差的行为及态度。另外，小童群益会还向18个小学、39个中学派驻了学校社工，帮助解决在校学生的成长障碍、管教困难、家庭和亲子关系、情绪困扰、行为问题、学业及学校适应等问题。

第三章 香港社区工作

社区工作是与个案工作、小组工作并列的三大社会工作方法之一。作为一种社会福利服务的提供模式，其在世界各国和地区都有着比较悠久的历史渊源，但是作为一种专业的工作手法，其产生和发展是与工业化和城市化的历史进程紧密相连的。1939 年在美国社会工作会议上发表的《兰尼报告》，使社区工作作为一种专业工作方法为学界所肯定，发展至今社区工作已经成为一种比较成熟的工作手法。社会工作是一种文化现象，其产生和发展往往与社会的主流文化保持一致。由于内地和香港具有相似的文化传统，所以香港的社区工作实践理应能为内地社区工作的发展提供较好的指引及借鉴。本章将在回顾香港社区工作发展历程的基础上，向读者概括介绍香港社区工作的组织体系、工作内容与工作模式，最后结合香港社区工作的实践特点与读者一起讨论香港的社区工作对内地的启示。

第一节 香港社区工作发展历程

在香港，人们较为普遍地使用社区发展一词来指称社区工作，其有广义和狭义之分。从广义上来说，社区工作是以一定的地域为基础，透过专业人士、政府部门及民间组织的介入，致力于解决地区问题，改善地区服务设施及环境，提高居民生活素质，加强居民与政府沟通的过程。从狭义上来说，社区工作特指专业社区工作，是以社区为对象的社会工作介入方法，旨在通过组织社区居民参与集体行动，共同界定社区需要，合力解决社区问题，改善生活环境及素质；并在参与的过程中，使居民建立对社区的归属感，培养居民自助、互助及自决的精神；加强市民的社区参与及影响决策的能力和意识，发挥居民的潜能，培养社区领袖的才能，以达致更公平、公义、民主及和谐的社会（甘炳光，1995）。可见，两者皆是以改善社区福祉作为最终目标，但广义的社区工作强调工作主体的多元性，淡化了工作手法的专业性，而狭义的社区工作则同时强调了工作主体和工作方法的专业性。在社区工作实践中，两者并不是截然分开的，狭义的社区工作是广义社区工作体系的重要组成部分，广义的社区工作是狭义社区工作产生和发展的重要土壤。所以，从广义层面入手，介绍香港社区工作的缘起及其专业化过程，是我们理解香港社区工作发展脉络的最佳途径。

社区工作是一项福利工作，致力于服务一些有特别需要的人士。它也是一项政治工作，为居民提供参与影响政府决策的机会。香港社区工作的发展很受政治因素的影响，因此社区工作的出现、发展以及制度化过程深刻反映了不同时期香港政治环境的改变。

一、香港社区工作的萌芽阶段

1848 年中英鸦片战争后，香港沦为英国的殖民地。为了加强政府管治的合法性，英国政府开始培植当地领袖及组织，吸纳他们进入行政架构，由他们负责或协调相关民间组织管理华人社会事务，以此来增强政府与普通市民的沟通，维护社会的稳定，这就是香港社区工作的雏形。

1913 年，港英政府成立了华人政务司，负责管理及监督有关中国人的社会事务，包括保护妇女及儿童、户籍管理、婚姻及社团登记等。此外，华人政务司还是港英政府了解中国文化的重要顾问，用来加强政府与华人社会的沟通。这一时期，除了由华人政务司向市民提供最基本的服务外，港英政府并不重视基层社区工作。再者，由于香港市民受传统中国文化的影响，对政府的权威存有畏惧心理，他们不但不会向政府提出要求，反而尽可能地避免与政府接触。因此，在第二次世界大战之前，港英政府与民间保持着一定的距离，虽然两者之间缺乏沟通，但政府的合法统治地位很少受到挑战，社会发展比较稳定。

此外，于19世纪末20世纪初成立的东华三院、保良局及地区保卫委员会等民间组织，也面向香港市民开展了赈济灾民、赠衣施药等社会服务活动，在一定程度上补充了政府社会服务的不足，维护了香港的社会稳定。

综合来看，由政府的华人事务机构为主导，会同相关民间组织共同为香港市民提供基本的社会服务，是这一时期香港社区工作的主要特点，但此时政府的执政理念较为保守，社会服务范围较窄，服务方式偏重于管理，再加上民间组织的发育程度较低，在一定程度上制约了香港社区工作的进一步发展。

二、香港社区工作的初步发展

第二次世界大战期间，香港经济尚未起飞，大量难民和移民从内地涌向香港，成为香港社会的极大不稳定因素。1949年，为了鼓励民间力量为内地来港人士提供社会服务，以减轻政府负担，华人政务司下设的社会福利部成立了社区发展组，推动地区成立街坊福利会，并由其负责为来港人士提供教育、医疗及赈灾等社会服务。截至1958年，香港的街坊福利会已达到28间。由于港英政府担心地区组织会演变为政治势力，进而影响其殖民地统治，所以对街坊福利会给予的行政和财政支持都非常有限。进入20世纪60年代，街坊福利会的社会服务渐渐被专业团体所取代，其在华人政务司的指导下开始走向以代表民意为主的政治角色，即通过扶助和笼络地方领袖，促进基层与政府的沟通。

这一时期较为系统的社区工作，是以社区中心的建立为开端的。20世纪50年代初，为了改善市民的居住条件，港英政府开始实施公共房屋计划，截至1960年安置的人数已经超过了25万。为了提高这些居民的社区归属感和保持社会稳定，政府透过海外资助，于1960年建成第一所社区中心，其具体工作由社会福利署下设的青年福利部管辖。此外，从1966年开始，社会福利署也在一些较新的迁徙区成立了社区福利大厦。社区中心和社区福利大厦以向居民提供文娱康乐活动为主，参加者多为青年人，其工作内容与青年及小组工作类似。虽然这一时期政府对社区工作的热情仍然不高，但社区工作作为一种专业服务已经得到了社会大众的初步认同。

综合来看，政府有意识地推动基层社区组织的成立，以为有需要的市民提供服务是这一时期社区工作发展的主要特点。但是，这些组织都具有较强的行政色彩，其在基层社区往往扮演政府代言人的角色，工作的手法较为保守，主要以向居民提供具体服务为主。

三、香港专业社区工作的兴起

1966年发生的大规模社会暴动，标志着香港居民市民意识的觉醒。暴动发生后，政府开始检讨与基层市民的沟通问题，随后制定积极发展社区工作的策略，以缓和社会冲突，维持社会稳定。1968年，政府在市区各区域内成立民政处，代表官方加强政府与居民的沟通。20世纪70年代初，政府又设立了地区三层咨询架构（地区委员会、分区委员会和互助委员会），积极介入地区事务，加强对基层社区的控制。与此同时，社会福利署与志愿机构开展社区工作的愿望越来越强烈，他们相继在一些迁徙区推行社区发展计划，来加强居民的民主参与、自助及合作的精神。与社区中心不同，这些计划以居民的合作及参与过程为工作重点，侧重于组织居民及鼓励居民自决。

20世纪70年代，随着政府社会福利承担的增加，市民改变了对政府责任的看法，再加上西方激进思想和社会运动经验的传入，香港社会的压力团体兴起，一些志愿机构如“香港社区组织协会”开始采用社会行动（如抗议、集会和游行等）的工作手法为边缘社区和社群争取权益。但是，由于受到传统文化的影响，这些抗议行动都比较温和，没有颠覆现有制度的意图，所以政府表现出了适当的容忍。

1973 年，社会福利署发表了《社会服务发展的五年计划》，计划建议按人口比例发展社区中心、福利大厦及社区会堂，此外志愿机构可以在一些人口较少及有特别需要的社区开展社区工作。1974 年，社会福利署和志愿机构联合发表了一份《社区工作立场书》，指出社区工作应集中在一些环境恶劣的地区（如木屋区、临屋区等），并将鼓励居民自助及自决地解决社区问题，改善社区关系作为工作重点。1976 年，港督麦理浩又提出了“社区建设”的政策，鼓励市民参与解决社区问题，改善社区关系，提高社区生活福祉。

综合来看，这一时期政府和志愿机构推行的社区工作都获得了较快的发展，特别是志愿机构运用社区组织和社会行动来改善社区关系、培育社区组织及为居民争取权益的做法，标志着香港专业社区工作的开端。

四、香港社区工作的繁荣阶段

20 世纪 70 年代后期，香港社会压力团体兴起，社会冲突渐趋增多，政府原有的地区咨询架构和社区建设政策已不能有效地缓和地区矛盾。为了维持社会稳定，政府于 1977 年开始资助“邻舍层面的社区发展计划（NLCDP）”，派驻由受过专业训练的社会工作者组成的工作队，为环境欠佳、社区设施和服务比较缺乏的社区提供服务。政府希望透过资助志愿机构实施此计划，增加政府与环境恶劣地区居民的沟通，减低压力团体在这些地区的动员能力。但是，在该计划实施两三年之后，政府发现社区工作者仍然热衷于组织及动员居民抗议政府的政策（特别是房屋政策），并且社区工作者支持的居民领袖经常与支持政府的传统组织（如街坊福利会和互助委员会）争取社会地位及会员，这使得政务署对邻舍层面社区发展计划的表现非常不满。随后，政府委托邻舍层面社区发展计划委员会担负起评估这些计划的责任，并于1982年进行了一次全面评估。志愿机构的行政人员面对评估十分紧张，开始对邻舍层面社区发展计划所采用的抗议手法加以管制，但仍然认同社工在边缘社区的服务提供者角色，这种做法受到了政府的欢迎。1984年的评估报告肯定了志愿机构的服务角色及其所发挥的功能，政府也表示将会继续资助邻舍层面的社区发展计划。

1985年，政务署接管了社会福利署管辖的社区中心设施，掌握了社区工作的决策权，从此社会福利署不再提供直接的社区服务，逐渐淡出社区工作的舞台。1987年，因为社会行动的减少和地区关系的改善，政务署支持志愿机构将邻舍层面的社区发展计划扩展到三至六型公屋，与此同时政府也聘请私人调查公司，加强对邻舍层面社区发展计划的评估及监管。截至1992年，香港共有14家志愿机构共实施51个邻舍层面的社区发展计划，服务的人数达到了27万。

综合来看，以边缘和贫困社区为服务对象，依托志愿机构开展邻舍层面的社区发展计划，改善贫困社区的居住环境及社区关系，是这一时期香港社区工作发展的主要特点。在政府的政策和资金支持下，这一时期香港的社区工作获得了快速发展。但也正因为政府的政策和资金监管，使得邻舍层面社区发展计划的工作手法越来越保守，其角色逐渐从权益倡导过渡到以提供服务为主。

五、香港社区工作的发展危机

1987年，香港房屋委员会宣布了长远房屋发展战略，计划在1995年前清拆所有的木屋区和临屋区。自1990年起，木屋区和临屋区相继被清拆重建，贫困社区的数量越来越少。另外，随着香港的代议制日趋成熟，政府认为地区议员完全能够取代基层社区工作者担当政府与市民沟通的桥梁，再加上一些社区工作者积极参与地区的压力团体工作，热衷于组织比较激进的社会行动，政务署于1995年开始考虑削减邻舍层面的社区发展计划。面对政府的质疑，社工界认为香港的贫困社区并未消失，地区议员不能取代社工政治中立的角色，社会行动的手法也能够使服务对象掌握解决问题的能力，稳定社会秩序，所以极力反对取消该计划。另外，当时的行政局议员也支持社工界的观点，最后政府决定暂缓削减邻舍层面的社区发展计划，待1997年之后再作评估。

1997年，政府委任麦列菲菲女士评估邻舍计划在两个旧市区的工作成效。评估报告指出，虽然旧市区有强烈的服务需求，但社工没有足够的专业知识，其采用的综合性工作手法也欠缺深度，更重要的是社工组织的社会行动经常会导致问题进一步恶化。基于此，政府决定不再将邻舍计划扩展至其他旧市区，而是设立了综合邻舍队（INP）来服务旧市区居民，三年后再作评估。

综合来看，这一时期邻舍层面的社区发展计划遇到了很大阻力，所接受的政府政策和资金支持越来越有限，工作范围逐渐萎缩。

六、香港社区工作的新转向

1997年香港回归后，政府的执政理念渐趋保守。伴随着经济衰退、新移民问题以及旧市区问题的不断涌现，香港市民普遍对政府的社会政策感到不满。在这种情况下，政府继续在旧市区资助综合邻舍服务队，以取代志愿机构在旧市区建立邻舍计划的建议。随着木屋区和临屋区相继被清拆，邻舍计划的数量越来越少。到2001年，全港邻舍层面的社区发展计划由全盛时期的64个，降至当时的36个，并且还有继续减少的趋势。另外，随着新保守主义的兴起和福利资源的紧缺，社区工作者逐渐放弃了社会行动的工作模式，转而以地区发展和社区照顾为主，侧重于面向社区中的困难人群提供具体服务及鼓励社区居民自助、互助。

第二节　香港社区工作的组织体系与工作内容

通过上一节对发展历程的回顾，我们发现香港社区工作的服务主体极具多元性，政府部门、压力团体、政治团体和社会福利机构皆参与社区发展的规划和具体服务的提供。从组织的性质出发，我们将香港社区工作服务的提供主体分为政府组织和非政府组织两大类，在此基础上分别介绍它们所推行的社区工作实践。

一、政府组织的社区工作

香港政府主持的社区工作，始于 1949 年由华人政务司在地区层面成立的街坊福利会。随后，伴随着香港市民社会福利需求的增加，政务署、廉政公署和警务署等政府部门也主持或参与了社区发展政策的制定及社区服务的提供。据相关统计，香港的社区服务资金 90% 左右来源于政府财政，可见政府在社区服务方面扮演着非常重要的角色。

（一）政务署

1. 地区三层咨询架构

政务署在社区层面的主要工作是政务沟通。为了将政策快速传达给社区居民，并使民意和市民的需要及时得到反映，政府于 1968 年在市区各区域成立了民政处。20 世纪 70 年代初，民政处建立了地区三层咨询架构，即地区委员会、分区委员会和互助委员会，积极介入地区事务。其中，互助委员会是香港政府有史以来进行的最大规模、涉及地域和人口最多的基层社区组织活动。

互助委员会是一种由政府主导，自上而下策划实施的居民组织，其基本功能是为城市提供安全服务。面对严峻的社会问题，香港政府最初试图通过增加警察的力量来抑制犯罪率升高的趋势。然而，随着事态的发展，政府发现仅靠加强警力部署却排除社区介入的做法是根本行不通的。于是，一个整合警察和居民于一体的防卫性社区组织——互助委员会应运而生。随着香港社会的发展和诸多社会问题的滋生，互助委员会的功能不断扩展。民政署特别聘用兼职社区工作员负责互助委员会的组织和发展。社区工作员多为大学学生、教师，他们受雇后需要接受基本的社区组织训练。互助委员会坚持公开、民主和专业的运作方式，受到了社会大众的普遍欢迎。

2. 社区建设

20 世纪 70 年代初，香港社会变迁加快，原有的三层咨询架构已不能有效地发挥其政治沟通和社区组织功能，官民之间的冲突日益增多。鉴于此，政府于 1976 年提出了社区建设，由政务署负责制定社区建设政策及协调参与社区建设活动的各政府组织。此后，社区建设政策延续至今，现由特区政府政务司下属的民政事务总署统筹。香港社区建设的目标是通过政府、志愿机构和市民的努力，改善社区关系，发展社区自助，提高社区居民的社会责任感和社区凝聚力，以建立一个互相关怀和负责任的社会。其工作主要在以下两个方面展开：

（1）建立社区组织以支持社区建设。继续在地区层面建立和完善互助委员会、分区委员会和地区委员会三层咨询架构，推进业主立案法团的成立；建立功能型的咨询组织，如学校交通安全队、地区反犯罪委员会及其他政府咨询组织；提供社区服务设施，如社区中心、社区会堂及文化中心，为社区居民聚会、参与活动提供平台。

（2）介入社区事务，组织社区活动。针对特定问题开展主题活动，提升市民的社会责任感，如保持香港清洁、打击犯罪、预防火灾、道路安全和反对吸毒等；举办文化和体育活动，丰富市民生活，如青少年夏令营计划；通过团体工作和培训班培育社区领袖，发展社区居民的个人能力；就社区居民共同关注的问题举办座谈会；针对政府政策和地区事件进行公共意见调查。

（二）社会福利署

社区工作是社会福利工作的重要组成部分。1965 年香港的第一份社会福利白皮书就将社区发展界定为提供福利服务的一种工作方法。1973 年的第二份社会福利白皮书更详细地解释了社区发展的功能，即促进个人间的社会关系，提高社会责任感及加强社区凝聚力，改善社区生活素质。1979 年的第三份社会福利白皮书则特别强调了社区发展服务在达成社区建设目标方面发挥的重要作用。

依据社会福利白皮书所提出的社区发展目标，社会福利署于香港新界各民政区设立了社区及青年事务办事处；在 1.5 万至 4 万人口的地区设置社区会堂；在 4 万至 8 万人口的地区设置屋邨社区中心；在 8 万至 12 万人口的地区设置社区中心，推行各项社区及青少年发展活动。社会福利署推行的社区工作，与志愿机构在很多方面都很相似，如双方都雇佣社会工作者开展工作，注重居民的自助和互助等。但两者最大的不同之处在于福利署社区工作者较志愿机构工作者多了一重身份——公务员。而作为公务员，社区工作者不能采用激进的工作手法组织任何与政府部门的对抗性工作。

20 世纪 80 年代，社会福利署提供的社区服务逐渐减少。1985 年，政府在评估社会福利署和政务署在社区建设中的角色之后，将社会福利署的社区中心设施管理权移交给政务署。同时，社会福利署也不再提供社区中心、屋邨社区中心和社区会堂的社区服务。20 世纪 90 年代以来，香港政府对社区发展服务表达了新的立场。在“跨越 90 年代香港社会福利白皮书（1991 年）”中，卫生福利司黄钱其濂指出：“提供社区发展服务是政府社区建设计划的一部分，应属于政务司的政策范畴。过去十年来社区工作的推展，已超过了福利的定义，如果再将社区工作纳入社会福利白皮书中，将会分散社区建设工作。”由此观之，香港政府有意把社区工作排除于社会福利之外，而将其纳入政治工作的范畴。

当前，社会福利署主要将其资源用于为社区居民组织团体活动方面，希望透过团体工作队向市民提供家庭活动、个人发展以及服务有特别需要的人。此外，它也培训社区志愿者、开展社区教育计划及提供研习室服务。

（三）廉政公署

廉政公署的社区工作目的是透过社区网络、社区教育及社区参与，建立“肃贪倡廉”的社会风气。除了鼓励市民协助反贪污之外，廉政公署还尝试改变市民对贪污的态度和看法，提倡廉洁的美德。

廉政公署成立于1974年，设有执行处、防止贪污处和社区关系处三个部门。廉政公署认为，在彻底打击和消减贪污方面，必须有赖于整体社会的参与和合作，因此设立了社区关系处来教育大众认识贪污的危害，并号召市民支持反贪污的工作。社区关系处的工作侧重于两方面，即公众教育和社区参与。组织的活动包括：透过大众传媒进行宣传活动；联络社区内的个人及团体，组织演讲、座谈、展览和暑期活动；联络社区内的学校商讨在学校课程内设置反贪污的内容；开展社区研究，收集公众对贪污的态度和对公署工作的评价。

（四）警务署

1974年，香港警务署开始实施警民关系主任计划。截至1976年，全港共有16名警民主任分驻各局。其工作目的是促进警民关系，提高警队的工作效率。警民关系主任肩负三项主要任务：第一，与区内团体，诸如民政区委员会、分区委员会、互助委员会、街坊会、乡事委员会、学校及社区中心建立良好的关系；第二，向公众介绍警队的工作，使公众对警队产生良好的印象；第三，向警队的首长反馈公众对警队的反映及评价。

警民关系主任在开展社区关系工作的过程中，经常扮演社区组织者的角色。比如，联络各社团举办演讲，向市民宣传警务工作，教导市民预防犯罪发生的方法；安排公众参观警署，组织警队探访当地社团和学校；组织少年警讯，为青少年提供文娱活动，讲授防止罪案发生的知识；深入学校组织学生活动，开展学校道路安全运动。

进入20世纪90年代，香港警务署继续推行警民关系主任计划，希望通过各项警民关系活动，提高社会大众对警队的认可度和支持度。

二、非政府组织的社区工作

在香港，非政府组织推行的社区工作，可追溯至100多年前由东华三院及保良局开展的赈济灾民、赠衣施药等社会服务。随着市民社会福利需求的增加和政府社会服务政策的推行，香港的非政府组织获得了迅速开展。据统计，截至2010年11月，香港社会服务联会共有机构会员370家，它们正以专业的工作手法为全香港市民提供着多元化的社会服务，综合来看主要包括以下几个方面：

（一）社区中心

香港的社区中心一般设立于人口较为集中的地区。香港的社会福利政策规定，每8万至12万人口需建立一所社区中心。社区中心的服务宗旨是提供设施以举办有关社会福利服务及社区建设的各种活动；改善社区关系，发展社区居民的团结精神和社区归属感；鼓励社区居民参与社区事务和谋求提高社区生活素质。当前，由非政府组织直接管理的社区中心共有14家，所提供的服务包括社区工作、团体工作、阅读室服务、日托服务及康复服务等。

1. 社区工作

非政府组织管理的社区中心设有社区工作队，其工作主要包括以下几个方面：

（1）鼓励居民关注社区问题。比如举办研讨会、组织居民大会、开展社区民意调查、建立社区问题关注组等。

（2）促进邻里之间互助合作。比如实施社区睦邻计划、社区照顾项目及社区探访等。

（3）提高社区参与及公民意识。比如举办资料展览、专题讲座、社区聚会、社区领袖培训及公民教育等。

（4）善用及整合社区资源。比如协调地区组织（如居民组织、志愿团体和政府部门），建立有效的社区支持网络。

2. 团体工作

社区中心设有团体工作队，其目的是发展居民成为健康、独立自主、有公民意识的社区成员。活动的形式包括义工小组、社会服务小组、领袖训练、妇女小组、功课辅导、兴趣小组及社交能力训练等。除此之外，团体工作队也和社区工作队一起，向社区居民提供社区服务、社区教育及文化康乐活动。

3. 阅读室服务

社区中心开设阅读室，为居民提供益智和休闲读物，并为学生提供温习功课的场所。此外，阅读室也会定期举办各种教育活动、书籍展览、升学及就业辅导服务等。

4. 其他社区服务

除上述基本服务外，社区中心还面向全体居民举办各种文娱、康乐及教育活动，并按照个别社区需要提供幼儿园、老人中心、图书馆、课余托管计划、成人教育等服务项目。

（二）邻舍层面社区发展计划

邻舍层面社区发展计划始于1977年，是由政府资助，社会福利机构具体实施的一项社区发展服务。此计划的初始服务对象是人口介于3000至1.5万之间，并且在3年内不会被清拆重建的低收入社区。这些社区需要具备以下某项特征：第一，离市中心较远，很难获得福利服务的偏远地区；第二，福利服务不足的新社区；第三，由不同种族和社会阶层所导致利益冲突的混合社区；第四，长期存在环境及其他社会问题的社区。目前，此计划所服务的社区包括：临屋区、木屋区、棚屋区、平房区、乡郊地区和三至六型公屋区。

邻舍层面社区发展计划的工作内容主要包括以下几个层面：

1. 组织居民关注及解决社区问题，提高生活素质。如组织居民成立民生关注组、举办居民会议及促成社会行动等。

2. 推动邻里关怀及互助，建立和谐社区。如组织街坊探访老人、建立邻里支持网络等。

3. 协助居民理解各项公共政策，鼓励居民表达意见。如开展社区教育活动、各种展览及资料册宣传、社区报刊及论坛等。

4. 培育社区领袖，提升居民自我解决问题的能力。如义工训练小组及领袖才能训练等。

5. 根据社区需要，提供不同类型的服务。如咨询服务、辅导及转介服务、老人服务、新移民服务、妇女服务及残疾人康乐活动等。

（三）综合邻舍服务队（Integrated Neighborhood Project，INP）

综合邻舍服务队于1997年开始推行，也是由政府资助，社会福利机构具体实施的一项社区发展服务。其目标在于加强外展力量，接触新移民、老人及低收入人士；介绍及协助弱势群体获得可用的社会福利服务；透过加强社会支持网络，促进弱势群体融入社区；增强弱势群体的自助及互助能力；鼓励弱势群体参与义工服务；提升居民的公民责任。

从工作内容和手法上看，综合邻舍服务主要有两种模式：

1. 杨震模式。内容包括外展服务、社会福利服务介绍、个别咨询和转介、互助小组、义工服务、社区活动及社区联络。

2. 圣公会模式。内容包括社交及康乐活动、社区资源介绍、义工服务、个别咨询和转介、互助小组及社区服务。

综合邻舍服务本是一个综合社区服务项目，但是在实施的过程中，服务对象越来越局限于老年人群体，政府又强调要将资源与服务对象相结合，从而限制了社工采用增权的工作手法及为社区居民争取应有权益，再加上社会福利署不断要求工作队完成很多个案指标，使得社工的服务流于任务而无法顾及居民的深度参与。

（四）非政府组织资助的社区发展服务

香港的非政府组织除了积极参与政府推行的社区服务外，也会利用自身资源，并积极争取其他外部组织的资助，来自主策划及推行相关的服务项目，其主要包括以下几个方面：

1. 社区健康发展计划

目前，香港有数间志愿机构，致力于推动居民关心及参与有关个人和家庭的社区健康教育、健康检查、义工训练及社区服务等活动，如香港工人健康中心。

2. 劳工服务

劳工服务的对象是一般工友，社工人员在工厂或机构中心内推行该项服务。劳工服务的内容比较多元化，包括劳工教育、劳工辅导、工业健康教育、社交康乐活动和劳工组织等。如新蒲岗天主教劳工中心、循道爱华村服务中心、观塘循道卫理中心。

3. 新移民服务

一般来说，在木屋区和临屋区推行社区发展服务的机构，均会对区内新移民提供服务，另外也有机构筹募专项经费为新移民提供服务。内容包括新移民适应课程、职业咨询及各种兴趣小组等。

4. 私人住宅区发展计划

有些志愿机构利用有限资源，在特别选定的私人住宅区开展社区发展服务，其目的是促进居民间的沟通，提供各项服务并鼓励居民参与社区公共事务。如房屋政策议会在红磡私人住宅区推行的社区服务。

5. 妇女服务

相关志愿机构以新女性主义为指导，运用增权的工作手法，协助女性独立和自助，发展女性潜能，使其摆脱对男人和家庭的依附地位。如圣雅各福群会的单亲妇女活动。

6．其他发展计划

一些志愿机构如深水埗社区协会提供居民组织的协调、社区事件的介入、公民教育等服务项目，希望能以此促进居民的集体参与，改善社区生活。

（五）基层社会运动

在香港社区工作发展史上，不少社会福利机构、政党团体及其他压力团体都曾采用社会行动的策略去推动社区问题的解决。综合来看，香港的基层社会运动的工作领域主要包含以下几个方面：

1．民族觉醒运动。如保钓运动、争取中文为法定官方语言、声讨北约轰炸中国驻南斯拉夫大使馆等。

2．民主运动。如争取全民直选、民主政治促进联合会的成立、支持民主派政党等。

3．房屋运动。如反贵租运动、市区重建及合理安置运动、天台屋清拆运动、公屋评议会的成立等。

4．绿色环保运动。代表性的组织有长春社、绿色和平、绿色力量和地球之友会等。

5．女性运动。如新界妇女反对年龄歧视及要求情欲自主运动，代表性的组织有紫藤服务社、群福妇女权益会、妇女劳工协会等。

6．劳工运动。如反失业联盟要求最低工资制，联工盟反对麦当劳低工资等。

7．反贫穷运动。代表性的组织有关注综援检讨联盟、荃湾的基层发展中心等。

第三节　香港社区工作的模式

社区工作是一个有机体系，其内部各构成要素按照内涵和逻辑关系整合在一起，就构成了社区工作的模式。在社区工作发展史上，学者们从不同的研究视角出发提出了多种社区工作模式，这些模式在介入理念、介入策略和工作方法等方面存在着显著差异。1968年，美国学者罗斯曼（Jack Rothman）提出了社区工作的三种模式，即地区发展、社会策划和社会行动，这一主张获得了学界的广泛认可，并对社区工作实践的发展产生了深远影响。

自20世纪60年代香港专业社区工作兴起至今，罗斯曼提出的社区工作三大经典模式一直处于主流地位。进入20世纪80年代末90年代初，由于香港的政治文化渐趋保守，社区照顾作为一种网络化的工作模式得到了政府和民间的大力推广。

一、地区发展

（一）地区发展模式的含义

罗斯曼认为，地区发展是社区工作的介入模式之一，旨在通过推动社区居民广泛参与社区事务，界定本身的需要，并采取行动去改善社区问题，以建立社区自助的能力，达致社区的整合。作为一种内源式的发展策略，地区发展模式着重过程目标的实现，即通过最广泛的参与，增加社区成员的互动，重建社区支持网络，提高居民的参与意识，增强居民对社区的认同感和归属感。在此模式下，工作员主要采用沟通合作、和谐共识的工作策略，扮演非指导性的角色，如使能者、支持者和中介者。

在香港，政府和非政府组织均会采用地区发展模式来推动社区发展，在此我们将简要介绍政府推行的互助委员会和非政府组织推行的邻舍层面的社区发展计划，以使读者能够初步了解并检视地区发展模式在香港的实践情况。

（二）政府层面的地区发展工作：互助委员会

1966—1967年，香港发生大规模的社会暴动。在事后的检讨中，政府把暴动原因归结为政府与基层市民的沟通出现断层。所以，为了加强与草根阶层的沟通，维护社会稳定，民政署（后更名为政务总署）于1973年开始正式推行互助委员会计划，希望其能成为政府建制下培植的居民组织，充当政府与民间沟通的桥梁。

1. 成立的程序及工作目标

成立互助委员会的合法程序是先通过民政署的社区工作干事，知会社区内的住户，并进行家访收集居民意见；如果超过两成住户赞成成立互助委员会，便可筹备互助委员会的选举工作，在选举当日选出主席、秘书及会计，经政府审核之后，便可正式成立法定的互助委员会。

互助委员会的主要目标是鼓励居民，透过自助去解决社区中的管理问题，尤其是社区清洁和治安状况。

2. 工作策略

互助委员会实质上是由政府主管的基层居民组织，所以政府向其提供办公地点及活动经费。在组织运行的过程中，民政署的社区工作干事会定期参与互助委员会的执行委员会会议，了解社区情况。同时，政府还通过分区委员会，吸纳互助委员会的居民领袖，把政府对社区发展的规划、处理社区问题的方式，在会议上加以解释，同时收集居民领袖的意见，并将意见上达，以反映基层状况。

（三）非政府层面的地区发展工作：邻舍层面的社区发展计划

邻舍层面社区发展计划是政府资助，由非官方的志愿机构负责推行的社区发展服务，旨在为人口介于3000人至1.5万人的贫困社区提供社会福利服务。

1. 邻舍计划的工作目标

政府资助邻舍计划的主要目的，是希望透过这些计划，鼓励公众参与社区事务，建立居民对所在社区的归属感，维护社会稳定，以达致社区建设的目标。有些学者概括了邻舍计划的六大成就，包括：识别社区的需要，促进居民间的互助合作，培养居民对社区的归属感，发展居民的领导才能，推动居民参与社区活动，提供社会福利服务。

2. 邻舍计划的工作策略

从 1982 年政府对邻舍计划的评估报告中可以发现，大部分计划的工作策略包括以下主要几个方面：进行社区研究，组织社区小组，社区组织，社会行动，社区改善计划，社区服务以及社区教育。在这些策略中，除了社会行动会采用冲突对峙的工作手法以外，其他策略皆较为温和及注重社区整合。

二、社会策划

（一）社会策划模式的含义

罗斯曼认为，社会策划模式强调运用特定的技术程序解决社区的实质性问题（比如青少年违法、住房及精神健康等），理性、精心策划和有控制的变化是其主要的工作策略。这个模式假设了在现今社会，社会问题的解决需要依赖专家，通过运用他们的技术和地位，才可以解决复杂的社会问题。此外，这一模式相信只有通过精心的策划，社会计划和服务项目的推行才可能更有效和更符合成本效益原则。

（二）香港社会策划模式的基本步骤

在香港，比较多地采用社会策划模式推动社区发展的是政府的社区建设部门，比如社会福利署和政务总署，少数民间志愿机构也会采用此模式。无论是政府，还是民间志愿机构，其社会策划模式均可以分成不同的阶段及步骤，目的是希望通过有系统的方法，收集和处理资料，分配时间，动员资源，以期达到计划的目的。概括来看，香港社会策划模式主要分为以下几个步骤：

1. 了解组织的使命及目标；
2. 分析环境及形势；
3. 自我了解；
4. 界定及分析问题；

5. 确定需要些什么；
6. 建立目标及达致目标的标准；
7. 寻找、比较并选择可行方案；
8. 测试方案；
9. 执行方案；
10. 检讨结果。

三、社会行动

（一）社会行动模式的含义

香港学者莫庆联、甘炳光认为，社会行动是组织社会上受到忽视、压迫或受政策不合理对待的低下层群体，通过集体行动，采用非正规的途径及较多运用冲突对峙的策略，争取第三者的支持，以伸张居民权益，向当权者争取群体的本身利益，以期获得应得的资源，使社会权力、地位及资源得到合理的再分配，并在参与的过程中提升参与者的社会意识，改变他们的无能及无助感，达成更公平、更公正的社会。作为一种较为激进的工作模式，社会行动可以在地域型社区和功能型社区进行较为广泛的实践。

（二）香港的社会行动

在香港，社会行动是社区工作者较为普遍采用的工作手法，不少社区工作计划都运用社会行动去组织低下层居民表达不满，争取改善生活环境、伸张居民的权益。一些民间志愿机构，比如社区组织协会，更是将采用社会行动为贫困社区及低下层社会群体争取权益作为机构的服务宗旨。以下是从20世纪70年代至90年代，比较有代表性的社会行动实践：

1. 20世纪70年代

（1）70年代初的盲人工潮事件，失明人士组织起来到天星码头隧道静坐示威；

（2）1972年发生的仁义村事件，100多名居民要求合理的迁徙安置；

（3）70年代中期的全港反加租事件；

（4）1979年的艇户事件。

2. 20世纪80年代

（1）解决公屋顶楼高温事件；

（2）临屋区单身人士为反对迁入单身宿舍，在政务署门外露宿要求合理安置；

（3）反对临屋区加租事件；

（4）木屋区要求改善食水供应事件；

（5）临屋区挤迫事件；

（6）要求尽快清拆超龄临屋，安排居民上楼事件。

3. 20世纪90年代

（1）反对重建区大幅加租事件；

（2）撤销公屋富户政策事件；

（3）单身人士要求加快入住公屋事件。

以上的香港社会事件都采用了社会行动的策略。在这些事件中，香港的社区工作者多采用对话性及抗议性行动策略，包括约见官员、召开居民大会或记者招待会、请愿、游行及示威等。对抗性行动偶尔也会使用，例如罢交租金。至于暴力性及破坏性行动则较少出现。随着近些年香港政治文化的保守转向，社会行动的空间有所萎缩，如何有效维护贫困社区及低下层群体的利益，是个亟待解决的问题。

四、社区照顾

（一）社区照顾的含义

社区照顾是指依靠社区的非正式支持网络，并联合政府及专业机构所提供的正规服务，使有需要照顾的人士在家中或社区中类似家庭的环境中得到应有的协助、支援和照顾。

随着对院舍照顾的反思以及福利国家财政收入出现困境，社区照顾作为一种网络化的工作手法应运而生。在香港，率先引入社区照顾概念的是安老服务，发展到20世纪80年代中期，基层的社区工作者将社区照顾的理念和工作手法引入到了其他弱势人群的服务中，例如新市镇妇女、单亲家庭、精神病患者、长期病患者以及弱智人士的家长等。

（二）香港的社区照顾——社区为本的康复计划

社区为本的康复计划，目的是要以低廉而非专业的介入提供康复服务，以取代中央化和昂贵的方式。这一计划将康复过程中一些比较简单和非专业化的训练和护理程序，改由社区照顾者的亲属或志愿人士协助推行，以使伤残人士或弱智人士无须单靠专业的服务和设施，仍然可以在家居的环境下进行康复的训练及护理。

香港复康会推行过两个试验计划，服务的内容除了动员非专业人士参与康复训练之外，还大力扩展了社区照顾的对象范围，例如单身老人、伤残人士、精神病患者及单亲家庭等。同时，计划的目标取向也扩大到改善弱势人士与邻里和社区的关系，以及协助弱势人士获得社区的接纳和支持等。计划采用的工作手法包括：弱能人士复康技巧训练，义工培训工作，建立地区支持网络，策动社区资源及社区权益倡议等。

五、香港社区工作的过程模式

社区工作是协助社区居民认识他们的需要、表达他们的需求、并开展服务和行动以解决社区问题的一种社会介入过程。在香港的社区工作实践中，亨德森和谭马士提出的“九阶段邻舍工作过程模式”比较有影响力：

1. 规划和协商进入；
2. 了解社区；

3. 规划下一步该做的事情；
4. 建立联系和将人们集合在一起；
5. 组成和建立组织；
6. 帮助居民厘清目标及其优先次序；
7. 使组织继续运行；
8. 与朋友和敌人交往；
9. 离开和结束。

邻舍计划过程模式为社区工作的过程开展提供了一个基本框架，确定了社区工作员将要介入这一过程的主要工作领域，但并不是说所有的工作员都必须经历所有阶段的工作，因为不同的社区工作在活动的过程中总是存在或多或少的差异。另外，这九个阶段并非一个简单的按顺序开展的工作过程，在实践中某些阶段会同时出现，并且有些阶段的工作对社区工作者而言会贯穿整个过程的始终。所以，作为一名社区工作者，应该结合具体的实务情境对其灵活地加以运用。

第四节 香港社区工作对内地的启示

自20世纪70年代中期专业社区工作兴起至今，香港社区工作已经走过了40年的风雨历程。在这段时期，社区工作的理论体系和方法体系渐趋成熟，并走上了制度化的发展轨道。由于香港和中国内地同属于华人社会，两者在文化内涵上具有较强的相似性，所以香港社区工作的经验理应能够为内地社区工作的发展提供借鉴和指引。下面我们结合香港社区工作的特点谈一谈对内地发展专业社区工作的几点建议。

一、建构多元化的社区工作参与主体

香港的社区工作是政府组织、非政府组织与广大市民共同参与

的一项改善基层民生，促进社会稳定的系统工作。这种多元化的参与主体有效回应了香港市民多样化的社会福利需求，也在一定程度上提高了社会工作专业的公众认可度。而在中国内地，社区工作中的绝大部分内容是由政府部门组织实施的，民间社会福利组织的发育严重滞后于民众的服务需求，广大市民对政府框架下的社区工作参与度也非常有限，从而严重阻碍了专业社会工作在内地的发展，所以建构多元化的社区工作参与主体非常重要。

二、实现社区工作模式和方法的多样性

从发展历史来看，香港社区工作的模式和方法极具多样性。就政府而言，它运用社会策划模式提供社区中心设施，建立和帮助地区团体和组织以支持社区建设，并组织社区活动满足地区需求并保持与地区组织的密切联系。非政府组织的介入更为多样化，他们采用地区发展、社会行动、社区照顾、社区组织和社区教育的工作模式为当地的弱势社群和其他有需要的人群提供服务。而在当前中国内地，社区工作本质上是在政府主管下的一场社区建设运动，所以其社会策划的色彩非常浓厚，而要满足社区居民多元化的服务需求，促进社区的可持续发展，就必须实现社区工作模式和方法的多样性。

三、正确处理好与政府部门的关系

在香港，由于社区工作资金的绝大部分来源于政府的拨款和资助，所以社区工作的发展方向及发展模式受到政府执政理念的较大影响。进入 20 世纪 90 年代之后，香港政府的保守转向压缩了社区工作的空间，特别是基层社区的社会行动遭到重创，从而导致很多社区工作者的不满。社区工作者一方面得益于政府的财政资助协助政府维护社会稳定，另一方面又要保持专业操守代表弱势群体的利益，这其中的博弈关系可谓复杂。在内地，政治文化与香港相比更

为保守，政府把维护社会稳定放在非常突出的位置，所以对社会行动的容忍度很低，再加上行政性的工作指派较为常见，社区工作者容易在工作中丧失专业独立性。如何既能取得政府的资助，又能保持专业独立为民请命，需要广大社区工作者进一步探索。

四、促进社区工作的专业化及制度化

20 世纪 70 年代以来，香港社区工作的专业化程度越来越高，相关的职业资格制度也越来越完善。专业化和制度化的成熟吸纳了大中专院校的社会工作毕业生到社会服务领域就职，这在一定程度上提供了福利机构的服务品质。而在内地，由于专业社区工作的发展起步较晚，专业化程度不高，与之配套的各种制度也相对滞后，从而出现专业毕业生对口就业难的现象。与此相矛盾的是，社区服务机构的工作人员专业化程度不高，无法满足服务对象多元化及高品质的服务需求。所以，从政府层面推进社区工作的制度化建设，从教育层面加强社区工作的专业化程度，对于专业社区工作的发展至为重要。

第四章　香港家庭与女性社会工作

在社会对于家庭角色以及社会性别有着越来越多元化的理解以及现实压力挑战的过程中，家庭以及曾经在家庭中承担主要照顾责任的女性都开始面对新的生活压力与机遇选择。在香港这样一个东西方文化交会的地域里，家庭服务也因其对个人与社会的重要支持和影响作用受到社会服务机构的重视。

第一节　香港家庭社会工作的起源与发展

一、何为“家庭社会工作”

尽管“家庭”在规模、功能等方面都在不断变化与调整，但是家庭作为社会的基本组成细胞，在社会的稳定与发展中始终扮演着重要的角色，其对个人和社会的意义都依然十分重要。对于“家庭社会工作”的定义，不同的社会工作学者基于不同的理论流派和不同的观点提出了不同的界定。台湾学者徐震、林万亿认为，家庭社会工作是指社会工作人员应用社会工作的原则与方法，为增进家庭生活、扩大家庭功能，而对家庭所提供的服务与治疗。香港学者马丽庄在《家庭社会工作》一书中指出，家庭社会工作就是指帮助求助的家庭发展，并运用自身的及社会的资源，增强家庭日常功能，改善家庭关系和解决家庭问题。台湾家庭问题专家和著名社会工作者周月清将其界定为：运用社会工作的方法或理论，并以家庭为中心及维护家庭的完整，视家庭为一个整体并顾及家庭中每一个成员的需求，而提供各项家庭服务，以从事各种社会问题的解决。在问题的解决过程中，包括对整体家庭及各个家庭成员两者的需要从事评量、介入和评估等，即为家庭社会工作。

因此，我们将从所有从家庭整体视角关注个人与家庭成长动力发展的社会工作服务称之为家庭社会工作，而社会工作者就是通过开展专业的家庭服务从而实施家庭社会工作的过程的。

二、香港家庭服务的缘起

虽然传统华人文化始终对于“家庭”有着特殊的重视与偏爱，或者也正是由于这样的一种特殊的地位，所以华人社会服务对于“家庭”的介入显得小心翼翼。在1938年，香港教会社会服务中心成立，并在1949年1月1日正式命名为“香港家庭福利会”，其在成立初期即由一群来自不同教派的热心人士通过个案工作的方式帮助有需要及受困扰的家庭。在第二次世界大战之后，服务范围扩大至援助贫困居民、从集中营释放出来的人士及有需要的家庭。

在20世纪50年代末，香港社会经济开始起步，社会的发展以及许多内地居民的涌入，使得香港社会在悄然发生着变化，于是在香港开始有了教会社会服务机构提供的家庭服务，香港基督教家庭服务中心最早于20世纪50年代末开办了“家庭咨询及辅导服务”。此后，在20世纪六七十年代逐渐有香港明爱、香港公教婚姻辅导会(1965年)、圣雅各福群会（1971年）等社会服务机构先后开展家庭服务，为有需要的人士及家庭提供辅导和援助。

在服务内容方面，最初的家庭服务多是集中在对贫困家庭的援助以及青少年成长方面，而随着香港家庭情况的不断发展变化，家庭服务需求的不断增多，香港的家庭服务也逐渐扩展至家庭生活教育的部分，以期协助家庭成员更好地了解家庭责任以及家庭和谐共处的方式，促进家庭和谐，减少家庭摩擦和防止家庭破裂。在20世纪八九十年代，香港家庭服务也逐渐开始重视对单亲家庭、新移民家庭等弱势家庭的服务，以期能够更好地满足这些边缘家庭成员发展需要。

值得注意的是，西方家庭治疗模式起源于20世纪50年代，此后也逐渐传入香港，可以看到香港的家庭服务也在20世纪末受到了家庭治疗模式的影响，更多的家庭服务机构开始运用家庭治疗模式为有需要的家庭提供专业辅导性服务。可以说，在20世纪末香港家庭服务的内容和专业工作模式都已经初见成效。

三、新世纪香港家庭服务的发展

进入21世纪，香港的家庭服务有了显著的发展。而这些发展则是建立在香港社会服务机构与政府对于前期家庭服务的一系列检视基础之上。2000年，香港社会服务联会家庭及儿童服务部成立“家庭服务检讨”支援小组，最终促成香港社会福利署在2000年8月成立了“家庭服务检讨”导向小组，并在2001年6月由香港大学社会工作及社会行政学系顾问小组发表“迎接挑战：强化家庭”——“家庭服务检讨”报告书。在这份报告书中的建议之一便是推行一项崭新的服务模式——综合家庭服务中心。

而由传统向新型综合家庭服务中心的转变，更涉及服务数量与品质的巨大改变，要贯彻新的综合服务理念以及确定服务中心在社区中开展服务的明确定位，对于所有服务机构的工作人员而言无疑是一项庞大的革新工作。随后在2002年4月，共有15个综合家庭服务中心的先导服务计划开始推行。与此同时，香港大学亦接受委托对这项为期两年的服务实验计划进行评估研究。在2003年5月，香港大学社会工作及社会行政学系顾问小组发表“执行家庭服务检讨建议”中期报告书，并先后经由社会福利咨询委员会和立法会福利委员会讨论。到2004年5月，香港“推行综合家庭服务中心工作小组”开始运作，在2004年至2005年，香港所有家庭服务中心逐渐整合和转型为新型的“综合家庭服务中心”，并促进综合家庭服务中心与其他社区为本的服务进行有效的协作。

到2010年5月24日，香港大学顾问团发表了题为“建构有效家庭服务：综合家庭服务中心服务模式实施情况检讨”的报告，对于此前综合家庭服务中心的服务绩效进行评估，并对未来服务发展提供专业建议，以进一步促进家庭服务的有效开展。根据该报告建议，香港社会福利署在2010年9月正式成立了“综合家庭服务中心委员会”取代此前的专责小组，为识别综合家庭服务中心关注的事项及厘定优次以作适当的跟进，并监察跟进综合家庭服务中心服务模式实施情况检讨的建议的工作进展，从而推进综合家庭服务中心服务的发展。

第二节 香港家庭社会工作的主要内容

由于经历了2004年至2005年的重整工作，香港目前的家庭服务主要由综合家庭服务中心提供。因此，在本章中对于家庭社会工作内容的探讨中，将主要围绕综合家庭服务中心服务的提供与开展进行论述，但其中也会兼有其他服务机构开展的以“家庭”为服务对象的服务内容，以期能够全面展现香港家庭社会工作服务的主要内容。

一、香港综合家庭服务中心的服务方向和指导原则

自2004—2005年度以来，香港共有61间综合家庭服务中心，其中40间由社会福利署营办，21间分别由9间非政府机构营办，为香港提供家庭服务，而其服务资金主要由香港政府支持。①

---

① 香港大学社会工作及社会行政学系顾问团. 构建有效的家庭服务：综合家庭服务中心服务模式实施情况检讨，2010-2：6.

在服务推行之初，根据各方意见，综合家庭服务中心确定了“儿童为重、家庭为本、社区为基础”的基本服务方向，并确立了“方便使用”、“及早识别”、“整合服务”和“伙伴关系”四项指导原则，以巩固家庭和满足社区不断转变的需要所取得的成果。①

从综合家庭服务中心的服务方向中，我们不难发现香港家庭服务的重点即以“家庭”联结个人和社区，从家庭的角度关注家庭成员个人尤其是儿童的发展需要，同时又将家庭放在社区的层面进行资源的联系与整合，从而为家庭的发展争取机会与空间。而在服务指导原则中，则将为有需要人士及家庭提供“方便”、“及时”、“全面”的服务作为重点，并以“伙伴”确立了综合家庭服务中心与其他社会服务单位之间的关系定位。

二、香港综合家庭服务中心的主要服务内容

香港政府认为“家庭及儿童福利服务的整体目标，是通过协助个人和家庭照顾问题所在，解决问题或防患于未然，并为未能自行应付需要的家庭提供协助，以维系和加强家庭凝聚力”②。为此，在香港的综合家庭服务中心往往包含三个层面的服务以支援有不同需要的家庭。

（一）预防性工作

预防层面的工作，主要体现在香港各种家庭生活教育服务、宣传活动、资源中心的提供以及热线电话的开设等，重点在于通过这些服务预防家庭问题和危机的发生，从而降低家庭伤害。

在各个综合家庭服务中心都会提供各种不同的兴趣小组、家庭

① 香港大学社会工作及社会行政学系顾问团．构建有效的家庭服务：综合家庭服务中心服务模式实施情况检讨，2010－2：6.

② 香港政府年报（2002），香港政府网站，http：//www. yearbook. gov. hk/2002/chtml/c10－frame. htm

康乐活动、发展性活动以及提供义工培训和相关服务，有资源的中心还配有家庭图书资源阁等，通过举办社区活动和服务资源的提供，尽早接触社区中有困难及随时发现有服务需求的家庭，以便为及时提供援助做好准备。

家庭生活教育是兼具预防和发展功能的社区教育工作，旨在通过一系列教育性或推广性的活动，如座谈会、讲座、小组活动、家庭活动以及展览等，加强家庭功能，巩固家庭关系和预防家庭破裂。

（二）支援性服务

综合家庭服务中心的最重要的部分即为有需要的人士及家庭提供一系列由发展到深入辅导的支援服务，这些服务都会由专业社工担任并开展，通过此类服务在过程中解决发生的问题，促进服务对象家庭正向力量的提升。

第一，综合家庭服务中心会向有需要的人士及家庭提供短期生活援助，比如向慈善信托基金申请短期经济援助、协助有需要的家庭申请“体恤安置”房屋援助计划、申请综合家庭援助金等社会福利和社会援助服务，以支持家庭渡过难关。

第二，综合家庭服务中心面向儿童成长提供支援服务，其中包括幼儿服务、课业托管服务、亲子互动小组、家长教育服务、家务指导服务（指导家政为儿童提供适当的家居生活照料）等，旨在协助家庭处理儿童成长过程中发生的状况，促进家长与儿童关系的和谐发展，从而实现儿童的健康成长。

第三，提供婚姻家庭辅导服务，这其中包括婚前辅导、家庭婚姻辅导、家事调解服务等，通过不同层面、不同深度的辅导服务引导夫妻双方探寻家庭的责任和相处之道，促进婚姻关系的和谐。

第四，提供精神健康服务。家庭成员之间的心理精神状况往往形成环环相扣的情形，因此为缓解家庭成员的心理压力和彼此所施加的家庭压力，改善家庭精神状况，促进家庭成员的精神健康，综合家庭服务中心也开始提供一些精神健康服务，以减少家庭负面事件发生隐患。此项服务兼有预防和支援的功能。

第五，提供面向长者的服务。伴随着老龄化社会的加快发展，越来越多的家庭中出现不断增多的长者服务需求，一些综合家庭服务中心也开始面向长者提供家务指导服务（指导家庭成员为长者提供适当的家庭生活照料）、家庭教育等方式提升家庭照顾长者的能力。与此同时，在一些长者地区中心、邻舍中心也有部分社工跟进长者的家庭服务需要，通过家庭服务实现长者的居家养老。

（三）专业服务及危机介入服务

提供专业的服务以及危机介入的工作，通过为儿童、长者、妇女等遭受虐待或者有自杀危机的人士提供危机介入和庇护服务，以保护家庭弱者，保证生命安全，防止恶性家庭事件的发生。在香港，大多数的危机介入服务是由专门的服务机构承担，以保证服务对象的安全，比如社会福利署的服务热线、东华三院开设的芷若园、香港明爱开设的向晴轩、香港关注妇女性暴力协会的风雨兰等均为家庭暴力或性暴力伤害人士提供危机援助、庇护服务和辅导服务等。

当社区中有危机事件发生后，所在地区的综合家庭服务中心往往会在第一时间进行入户走访和社区探访，从而最快发现有服务需要的家庭和人士，并提供及时的危机介入服务，降低危机事件的危害。

三、香港综合家庭服务中心的服务内容新进展

2006 年 9 月，香港策略发展委员会、社会发展及生活质素委员会会议文件中指出香港的家庭在 21 世纪出现不少变化，包括未扩展的单核心家庭住户日渐普遍，家庭成员平均人数由 1996 年的 3.3 名减至 2006 年第二季度的 3.0 名；单亲家庭数目增加；内地新来港定

居的家庭成员增加；家庭暴力个案增加以及双职家庭增加等。① 香港的家庭服务也因由这些家庭状况的变化而出现一些新服务。

（一）单亲家庭服务

在1997年，香港领取综援的单亲家庭为15049个，占总体个案的8.4%。而在2000年，香港有25902个单亲家庭领取综援，占总体个案比率的11.3%，3年间，领取综援的单亲家庭增加了1万个。因此，在2001年2月，香港社会福利署分别在香港、西九龙、东九龙、西新界、东新界各开设一间单亲中心，每个中心为1200个受助单亲家庭提供服务。在2004年之后，这些单亲中心也被重整进入综合家庭服务中心，但是面向单亲家庭的服务在所有综合家庭服务中心仍进一步开展。②

由于单亲家庭的父亲/母亲往往身兼双职，在生活和社会地位上大多较为弱势，服务中心会为单亲人士设计合适的计划，以应付他们的需要，同时，亦会进行外展工作，以及与有关的社会服务单位建立有效的联系网络，以便提供协助。此外，中心也会与社区内其他政府部门及机构（例如雇员再培训局及劳工处）互相合作，协助单亲人士迈向或保持自力更生的生活。中心会提供支持辅导，协助单亲人士适应单亲生活，以提高他们的应变技巧；亦会推行家庭教育及家长教育活动，以便加强亲子关系及家庭互动，还提供有关社区资源的资料，并透过再培训及就业辅导，为这些人士做好准备；也会设立支持小组、透过互助小组及志愿小组，以便在照顾子女及分担工作方面建立联系网络，从而互相帮助。另外，对于单亲家庭来说管教子女亦十分重要。因此，中心也会加强幼儿中心服务及课余托管服务，并且提供经专人督导幼儿托管服务。③

---

① 以上资料参考香港策略发展委员会、社会发展及生活质素委员会报告：为家庭提供的支援，政府文件编号：CSD/SC/6/2006，2006年9月20日会议，第2页。

② 《文汇报》，领综援单亲家庭三年增一万，社署开设五间中心提供服务，2001年1月23日，http://paper.wenweipo.com/2001/01/23/HK0101230018.htm

③ 同上。

（二）新移民家庭服务

自1997年到2006年，有超过46.4万名内地居民根据单程证计划移居香港。有关注指出新来港人士较常遇到经济困难，难以加入本地就业市场或适应主流社会和学校制度。根据政府统计处在2003年进行调查，结果显示约10.5%从内地移居本港3年或不足3年的人士，在与本港居民相处方面曾遇到困难。①

面对日益增多的新移民家庭以及家庭中的新移民成员，综合家庭服务中心整合社区资源为其提供社会适应和融入性服务，为新移民人士提供必要的资源介绍和针对其需要的相关培训，提升其在香港社会自力更生的能力，并能够充分享有香港的社会服务，协助其适应香港各项体制与制度，完成社会适应过程。

（三）少数族裔家庭服务

2001年，香港有占全港人口5.1%的少数族裔人士，这些少数族裔人士家庭的文化背景及语言都与香港本地居民有很大的不同，这些也造成了这些家庭的社交需要难以满足并且较难融入社会。“有关注指出这些家庭因为语言及文化的障碍，遭到主流社会的孤立，而这些家庭的父母面对幼儿护理、学前教育、子女成长以及就业问题，社会给予的援助相当有限”②。

针对这样一个群体的家庭服务需求，一些社会服务机构也同样尝试为其开设特别服务。例如在南亚裔人士较为聚集的葵兴，香港圣公会麦理浩夫人中心在前期发现南亚裔人士家庭领取综援比例远远高于香港本地居民，甚至高于内地新来港人士，就其原因很大程度上由于他们在中文学习方面的困难以及社会适应方面的困难，因此通过开展南亚裔语言翻译中心以及服饰中心等社会企业，以提升

---

① 以上资料参考香港策略发展委员会、社会发展及生活质素委员会报告：为家庭提供的支援，政府文件编号：CSD/SC/6/2006，2006年9月20日会议，第7页。

② 同上，第7页。

其自力更生的能力，改善家庭生活状况，并为家庭提供儿童课业辅导、家务指导、社会适应培训等服务，以协助少数族裔家庭解决生活困难，融入香港社会生活。

（四）跨境家庭服务

随着香港与内地在经济、社会方面的关系日益紧密，很多香港家庭中出现父母一方甚至是双方都要留在内地工作、香港居民与内地居民结婚以及有香港居民移居内地（以深圳居多），但子女或配偶仍留在香港读书或工作。这类家庭往往面临更多的压力与危机。

面对跨境家庭的增多，香港社会服务机构也积极行动，开展服务应对。一些香港社会服务机构与内地尤其是深圳社会服务机构联合开展服务，进行服务资源整合和相互配合，为跨境家庭提供儿童或家长英语培训、儿童课业辅导和托管服务、儿童成长及发展小组、亲子活动、家庭生活教育以及个案辅导服务，通过两地社会服务机构的共同工作降低跨境家庭的生活压力，化解危机。

（五）男士服务

在家庭服务的过程中，由于传统文化的影响，男性往往以“强者”的姿态出现，也较少向外界求助，但是随着社会压力的不断增大，家庭对于男性责任的要求和转变等也让一些男性出现服务需求。在 1997 年亚洲金融危机之后，更多的男性无法适应“社会强者”的角色而出现困难。在 1998 年，香港明爱苏莎伉俪综合家庭服务中心开始推广“男士服务”，成立“明爱男士成长中心”，旨在“唤醒男士需要不断成长，并协助他们确立在家庭中的角色，以建立和谐及融洽的家庭与人际关系”①。该中心适应男性的社会身份和角色，首先以广泛的社会宣传重塑男性的家庭形象，挑战社会对于男性的刻板印象和片面标签，在 1999 年，中心近半数活动接受媒体采访，从

---

① 参考香港明爱苏莎伉俪综合家庭服务中心总结介绍资料，第 4 页。

而成功吸引男士参加中心活动。而中心也通过家庭生活教育活动，主要包括父亲亲职课程、夫妻关系、认识个人的成长等活动教育男士处理问题的各种方法，减少自我封闭的机会；中心组织开展离婚男士自助互助小组对离婚男士开展治疗性工作；中心更通过广泛地与媒体的合作，通过报章专栏、电台节目等将一些解决方法和处理技巧以社会宣传的方式告知男士，由此引导男士的自主学习和自我成长；此外，开展大规模社会宣传活动，改变男士的价值观、培育社会的风气、减少逃避问题的现象。①

第三节　香港家庭社会工作的经验与挑战

一、香港家庭社会工作发展经验

纵观香港家庭社会工作近一个世纪的服务发展，可以清晰地看到一种服务起源于社区需求，进而不断专业化、规范化的过程，其发展经验可以概括为：

1．服务需求为本的专业服务发展

一路走来的香港家庭服务始终伴随着香港家庭的不断发展变化。无论是最初的救助贫困，还是弱势家庭成员支援服务，抑或是之后的婚姻家庭服务，家庭生活教育预防和危机介入工作的开展等，都始终是专业社工在一线服务中发现服务需求并推动服务有效开展以满足服务需求的发展过程。

2．社会服务机构与政府联手，服务与政策同行

在新世纪香港家庭服务发展过程中，更可以明显感受到香港社会服务机构与政府联手，服务与政策同行的推行经验。自2000年至2010年，社联等关注家庭服务的社会服务机构以及热心社工不断推动对家庭服务的探讨与反思，并积极争取香港政府在家庭服务方面

① 参考香港明爱苏莎伉俪综合家庭服务中心总结介绍资料，第14页。

的认可与投入。香港社会福利署也积极给予回应，认真对待社会服务机构服务发展建议，并在社会资源和政策支持方面给予配合，从而促进家庭服务的不断发展

3. 第三方专业评估和研究促进服务开展

在过去10年的服务发展过程中，香港大学社会工作及社会行政学系一直进行的顾问报告和评估分析研究也发挥着重要的作用。通过第三方的专业评估和研究，促进对服务本身较为公正的反思，从而能够有效推进服务开展。

4. 服务方式、内容和资源的整合

由于推行“综合服务”理念与工作模式，并在社区层面开展服务，因此香港综合家庭服务中心自成立之日起便承担着“综合服务”的职责，在服务方式方面整合个案、小组、家庭、社区工作的不同的工作模式，在服务内容方面涉及儿童、妇女、男士、长者等不同家庭成员，在服务资源方面连接社区内各种不同服务资源和社会服务机构，从而形成在社区层面关注家庭需求的一站式服务中心。

二、香港家庭社会工作面临的挑战

在快速的发展过程中，作为主要的家庭服务提供者——香港综合家庭服务中心也在服务过程中面临越来越多的服务挑战。

1. 广泛的服务内容模糊了明确的服务定位

由于强调提供“综合服务”，因此使社会对于综合家庭服务中心产生较高的服务期望，而在政府的预期设想中也期待综合家庭服务中心能够弥补服务空隙，从而整合服务开展。但是这样的一种“服务预期”当其落实到现实服务中，就变成了“大而全”，使得很多综合家庭服务中心变身成“面面俱到”的“全能选手”，但是却失去了明确有效的服务定位，在预期上渴望从预防、支援与辅导、危机介入、资源连接等方面都开展服务，但是实际上却只能在补救性工作中疲于奔命。

2. 行政审批与专业服务之间的人手较量

由于目前综合家庭服务中心承担众多社会资源审批的角色，在专业社工的具体服务中综合服务中心普遍存在人手不足的问题，因此在一线社工工作分配形成了行政审批工作与专业服务之间的人手较量。根据目前社会福利署相关规定，每一个综合家庭服务中心要服务于10万至15万人，而其工作人员仅有12至16名社工，当政府与社会将更多的行政审批程序交与综合家庭服务中心时，势必导致中心在专业服务方面的投入紧张。

3. 品质与数量的争论

随着管理主义在社会工作服务中的推行，品质与数量之争也日渐增加，为了争取政府更多的资金投入，一线服务也要用很多数量化指标限定服务，但是却忽略了一线服务本身的复杂性和对服务品质本身的保证。如何能够在品质与数量之间寻找平衡，如何能够真正达成服务助人的目标，也成为很多家庭服务单位需要面对的发展挑战。

第四节 香港女性社会工作的发展与主要内容

在中国传统文化中，家庭往往与“女性”联系在一起，家庭的经济责任往往落在男性的身上，而家庭的照顾责任和日常经营则是女性的使命。这样的一种社会和家庭分工，加之女性在生育方面的责任，使得“家庭”与“女性”的联系更为紧密，相当部分的家庭服务最初也都发源于对女性的关怀和支援，因此当我们在谈论家庭社会工作的服务，也有必要单独讨论一下香港的女性社会工作。

一、何为“女性社会工作”

女性社会工作，目前尚未有一个学术界统一认可的概念界定，在本书中，我们将以社会工作的专业工作理念、工作模式和工作技巧作为服务载体为女性提供服务，目标在于协助女性处理和解决各种困境，促进女性成长，争取女性平等参与社会发展的机会，最终实现两性的和谐发展的社会服务定义为“女性社会工作”。

二、香港女性社会工作的缘起与发展

（一）香港妇女政策的发展

女性社会工作的缘起往往与女性对自身权益的关注和对自身困难的解决密切相关。1841 年 2 月 1 日，即英国在抢占香港岛的 6 天后，其驻华全权公使兼商务总监义律、海军司令伯麦联合发表了一份接管香港岛的告示，其中明确指出香港华人社会的“一切礼教仪式、风俗习惯”均保持不变，对于华人的管治仍适用于“中国法律”，于是封建传统中的“男尊女卑”便名正言顺地以“男丁制”和“一夫多妻”的形式保留了下来，女性的弱势社会地位可见一斑。[①]

第二次世界大战之后，香港百废待兴，港英政府仍然奉行不干预和最低限度介入的原则，使得战后重建的工作落在了民间慈善机构和宗教团体的身上。“在这种情况下，此前成立的妇女慈善团体纷纷加大了社会救济的力量，如香港基督教女青年会开办妇女劳工宿舍、香港中国妇女协会创办了妇女工艺中心和妇女夜校等。与此同时，新的妇女慈善团体也纷纷成立”[②]，为更多的妇女提供救济服务。

20 世纪六七十年代后，伴随着香港经济发展进入黄金时期，越来越多的妇女参与社会生活和市场经济，经济的独立也带动了妇女对于社会服务需求的发展。同时，在 70 年代，港英政府开始推行“普及教育”，女性受教育程度普遍提高，这也使得香港的女性可从

---

① 小渔村变贸易港，英人维治与香港“脱胎”，城市频道，凤凰网，http：//city.ifeng. com/special/hugang/20110601/97690. shtml

② 肖明娟. 20 世纪 50 年代至 80 年代香港妇女社团发展研究〔D〕. 华东师范大学优秀硕士论文，2004：37.

事的职业和可以选择的生活方式更加多样，这些对于香港女性主体意识和群体意识的发展都起到了极大的推动作用。而随着妇女自我意识的觉醒以及女性在家庭和社会中的地位、角色的变化，她们也需要更多的社会服务来缓解变化带来的角色冲突。于是一些社会服务机构针对女性自身需求开始发展针对女性的专业服务，例如一些婚姻辅导、家务指导服务，另外一些协助女性平衡家庭与职业关系的幼儿服务、托管服务等逐渐展开。

随着香港日益成为一个国际化都市，国际妇女运动的潮流对香港的影响也逐渐加深，鉴于长期以来香港社会一直存在的性别歧视，香港也有越来越多的社会服务机构、妇女团体关注妇女自身权益的争取，尤其在妇女平等参与社会、反对针对妇女的性别歧视问题等方面开展了多次社会活动。在 1996 年和 1998 年，香港政府着重进行了立法审查活动，颁布了一系列消除歧视妇女及不平等待遇的修正案和法案，其中包括保障妇女权利的《反对社会性别歧视条例》（1995）和《家庭地位法令》（1997）等法规。为了执行反歧视条例，使香港成为一个机会平等和没有歧视的社会环境，1996 年香港成立了平等机会委员会（简称“平机委”）。作为政府设立的委员会，“平机委”是一个公营的机构，但它独立于政府，拥有充足的资金，它的主要职责是：消除社会性别歧视，促进男女平等，执行一系列的反歧视法规，处理相关申诉。[①] 尽管有妇女团体认为“平机委”的工作多关注社会性别平等的技术问题，而没有从根本上开展改善妇女社会地位和维护妇女权益的工作，但是不可否认的是，这是香港政府首次正式面对社会性别平等的问题，并在社会政策和政府职能方面给予了正面的回应。

鉴于“平机委”的工作开展情况，在香港妇女团队的坚持争取下，2001 年 1 月成立了第一个促进和保障妇女权益的政府机构——妇女事务委员会（简称“妇委会”）。“‘妇委会’的使命是促使女性

① 刘春燕，杨罗观翠．社会性别主流化：香港推动社会性别平等的经验及启示〔J〕．妇女研究论丛，2007（1），总 78：39．

在生活各方面充分获得应有的地位、权利及机会。其职责包括，协助特区政府制定有关妇女事务发展的长远目标和策略，并就有关妇女权益的政策和措施提出建议；定期检讨香港的各类妇女服务，就妇女问题进行调查研究，以及筹办各种关于妇女的教育和宣传活动。从2001年2月起，香港政府每年拨款约2300万元，以支持‘妇委会’的工作。”① 由此，香港政府的妇女工作发展进入了一个新的阶段。

（二）预防和制止家庭暴力服务的发展

借由香港社会对于女性认识的不断改善，香港政府在妇女政策方面给予的空间也不断扩展，香港社会对于女性的关注以及为女性所提供的社会服务也不断增多，对于遭受家庭暴力伤害和性暴力伤害的女性的援助服务的发展，也可以让我们看到香港女性社会工作发展的一个缩影。

家庭暴力事件自1981年开始受到香港社会的广泛关注，而暴力中的受害者绝大部分是妇女，最终在1985年4月1日，香港成立了第一间为身处暴力危险中的被虐妇女提供援助和庇护住宿的中心——和谐之家。1995年天水围恶性家庭暴力事件发生后，香港政府和社会对于家庭暴力事件有了更多的认识，香港基督教家庭服务中心于1996年开设了“恬宁居”为遭受家庭暴力的妇女和未成年子女提供专业服务和庇护服务。此后社会福利署开设了“维安中心”并在2006年交由保良局运营管理；而保良局在2002年开设了“昕妍居”以及在2009年开设了“晓妍居”，至此，香港共有5间家庭暴力庇护中心为遭受家庭暴力伤害的妇女和儿童提供宿位和援助服务。此外，在1997年3月8日香港成立了首家援助遭受性暴力妇女的社会服务机构——香港关注妇女性暴力协会，将针对妇女的性暴力问题明确呈现于大众视野之中，以为遭受暴力侵害的女性争取更

---

① 刘春燕，杨罗观翠．社会性别主流化：香港推动社会性别平等的经验及启示〔J〕．妇女研究论丛，2007（1），总78：39．

多的社会援助和公正对待。

进入到21世纪之后，对家庭暴力的预防和制止扩展到了对所有家庭成员的援助，香港明爱于2002年开展“向晴轩”为身处危机或困扰的个人或家庭提供一套综合及方便的服务，并与其他社会服务机构及专业人士，包括警方、医院及福利单位建立有效的相互合作网络，以协助处于危机中的个人或家庭。而由东华三院举办的芷若园在2007年正式投入服务，主要为性暴力受害人、面临家庭暴力或其他家庭危机的个人或家庭，提供全面的援助，协助当事人及其家人及时处理危机及困扰，并及早联系医疗和社会服务等单位，使服务对象能够获得全面的保障和服务。

虽然针对家庭暴力的服务仅是女性社会工作服务的一个缩影，但是通过家庭暴力事件的支援服务和政策改善，女性的社会地位和形象都在一步步地缓慢改变着，尽管缓慢，但是在发展。相信在妇女团体和关注女性权益的社会服务机构的共同努力下，女性在香港社会的权益更能够得到保障和维护。

三、香港女性社会工作的主要内容

（一）女性生计发展支援服务

随着社会的发展，越来越多的“家庭主妇”迫于生活压力进入职场为家庭生计而奔忙，但是由于她们还要兼顾照顾家庭的责任以及本身文化水平较低等自身限制，所以社会给予她们所提供的就业机会也较少。为了协助这部分妇女能够有一部分家庭收入补贴，并且能够依靠自己的能力生活，一些社会服务机构为有就业需要的女性提供就业培训服务，对于一些领取综援的女性不仅由政府补贴学费，更会在培训期间领取部分生活补贴，以让女性有机会通过培训实现自食其力。考虑到部分女性照顾幼儿的需要，一些社会服务机构还为参加就业培训的女性提供无偿幼儿照顾和儿童托管服务，以让女性能够有更多的时间参加培训提升自己的能力。

针对一些妇女承担家庭责任或者由于其他一些原因无法依照社会要求就业但是又需要赚取生活补贴的情况，在1997年之后，随着英国“社会企业”概念的进入，一些社工带领妇女自助互助小组进而发展女性主导参与的“社会企业”，从而实现弱势妇女的能力建设。以仁爱堂为例，其下设的“水云涧”足健房、“生机馆”甜品屋以及独立发展服务的“绿慧公社”都是以女性为主的社会企业。其在为弱势妇女提供就业，以自身能力改善生活的同时，也往往加入了绿色环保和保健生活的内容，从而通过社会企业的定位发展服务。而香港圣公会麦理浩夫人中心为南亚裔妇女开设的服饰店也是着眼于南亚裔妇女难以进入社会就业而开设的社会企业，通过她们本身既有的制作民族传统服饰的能力以赚取生活费用，从而实现女性自身的独立发展。

（二）女性家庭照顾责任支持服务

一直以来女性都承担着照顾家庭的责任，尤其是照顾长者和儿童，但是随着社会生活的不断发展变化，女性在这个方面也承担着越来越多的压力，不仅影响着女性自身的身心健康，更对一个家庭产生诸多负面影响。由此，一些社会服务机构为女性提供家务指导服务，幼儿服务、长者/弱势家庭成员的照顾者服务等，为家庭中承担照顾者责任的女性提供社会支援服务，不仅提升女性在担任照顾者角色时的能力，能够更好地照顾家人，同时也经由这样一种服务尊重和承认女性对家庭的付出，使社会对家庭的支持经由对女性的家庭角色的支持而实现。

（三）女性危机介入服务

针对女性在社会中的弱势身份，尤其是当家庭暴力、性暴力等性别暴力发生时女性因由生理、社会等方面的弱势而造成的巨大伤害，因此一系列社会服务机构特别面向遭受性别暴力伤害的女性提供专业服务。此类专业服务中往往强调“一站式服务”，并且由于遭受暴力伤害的女性对于陌生人常常缺乏安全感，因此通常会借由一位社工负责个案的整个处理过程，为暴力受害人在危急中作出服务协调、转介及跟进，包括外展至服务对象身处的地方（如警署、急症室），协助服务对象到医院就诊、检查以及根据服务对象医院，陪同报警、录口供、取证、诉讼等。而风雨兰的一站式服务更是邀请医生、护士、警察前往服务机构所在单位为服务对象提供服务，以避免服务对象的二次伤害。几乎所有提供危机介入服务的单位都设有对外热线电话并接受香港社会福利署的转介以及医院、警署的转介，以保证能够在最有效的时间内为服务对象提供危机评估和后续服务。

（四）社会性别的社区教育和宣传服务

针对女性的社会服务，往往牵扯社会对于“女性”性别角色的认识和不断发展，而这一切也得益于前线社工在社区内开展的大量的社会性别的社区教育和宣传活动，通过广泛的社区教育和宣传，引起社会人士对于性别角色的反思和思考，从而提升女性的自信、自尊和自我效能感，建立正向价值观，同时亦通过女性正面、积极的形象的建立，增加社会对于女性角色及其承担责任的认识，对于女性在暴力中的无助状态的了解，从而增加社会对于女性尤其是弱势女性的支援、认可和接纳。

（五）社会性别政策的推动

作为社会工作专业服务的有机组成部分，社会政策和社会行政工作在女性社会工作中占据着重要的位置。在香港女性社会工作及社会服务发展的过程中，专业社工始终没有放弃过对社会性别社会政策的推动。“在20世纪六七十年代先后有11名女性进入行政局、立法局和市政局，其中在立法局中有3名女性社工，而在市政局中亦开始出现女性社工议员”①。随着越来越多的女性参与政治领域，

① 肖明娟．20世纪50年代至80年代香港妇女社团发展研究〔D〕．华东师范大学优秀硕士论文，2004：35.

香港社会越来越多关注女性权益以及重新审视法律政策方面对于女性的忽视甚至偏见，自20世纪90年代《反对社会性别歧视条例》（1995）和《家庭地位法令》（1997）等法规开始施行，到妇女委员会推动香港政府统计处自2001年开始出版统计年刊《香港的女性及男性主要统计数字》，再到香港行政长官在《2005年至2006年市政报告》中特别表示会关注推动妇女参与咨询及法定组织的工作，香港社会在社会性别政策方面的重视日益提升，也为女性以更加平等的身份参与社会发展，享受社会发展成果提供了更加好的社会环境。

四、香港女性社会工作的挑战

尽管我们看到香港社会的女性社会工作在进入20世纪90年代之后有着深入的发展，但是相比于长期以来扎根在日常生活中的“男尊女卑”的社会文化，这样的发展似乎依然难以撼动文化中的偏见。政府对于女性社会服务的关注和投入依然远远少于对其他社会弱势群体的部分，香港女性社会工作的发展还将会在挑战中前行。

第五章 香港安老社会工作

"长者文化"在中国的传统文化中始终占据着重要的位置，而伴随着现代社会的发展，知识及社会的更新不断加快，老年人在社会中的角色以及能够参与和发挥的空间都有了很大的变化，如何更好地照顾晚年成为影响每一个社会人生活的重要因素。香港安老服务的经验能够对中国内地老年社会工作服务的发展提供参考和借鉴。

第一节 香港长者群体概述

一、何为"安老服务"

在香港，一般的长者服务均以65周岁及以上的人士作为服务对象，但是也有部分的长者服务是提供给60-64周岁的人士。根据目前香港以65周岁为法定的退休年龄，因此在本章撰写中所涉及的"长者"或"老龄人口"即指65周岁以上的人士。而在社会福利服务体系中以长者为主要服务对象的社会服务即为"安老服务"(Elderly Services)。

二、香港长者群体现状

(一) 香港长者人口现状

一个社会的人口老龄化主要分为绝对老龄化和相对老龄化，其主要人口指标则体现在一个社会的老龄人口比例以及社会的老年抚养率（“老年抚养率是指65岁及以上的人口数目相对于每千名15至64岁人口的比率”[①]）。香港社会早在1961年时的老年人口仅占总人口的2.8%，社会的老年抚养率仅为50，也就是说每1000个劳动力人口需要扶养50位老人。而到了2006年，香港老龄人口比例已上升至12.4%，社会老年抚养率上升至168。[②] 根据香港有关统计预测，“到2033年，香港老龄人口将升至总人口的27%，社会老年抚养率也将达到428，”[③] 即不到3个劳动力就需要赡养1位老年人。人口的老龄化使得老年人的社会服务需求不断凸显，社会安老服务的发展也就成为了必然。

（二）长者高龄化

由于生活环境的改善和医疗水平的不断提升，人口的老龄化也带来了长者的高龄化。“在2005年，香港75岁以上的老年人口约有36万，占长者人口的大约45%。而到2011年，香港75岁以上的老年人口数量将增至42万人，预计会占当时长者人口的48%。在2006年，香港男性的预期寿命为79.5岁，女性为85.6岁。到2033年，根据预测，香港男性的平均预期寿命将达到82.5岁，女性的平均预期寿命则会上升到88岁。”[④] 高龄化人口的不断增加也同样为社会的安老服务提出了更多的服务需求。

（三）长者生活状况

1. 居住情况

长者是否与家人共同居住在很大程度上影响到长者接受家庭照

---

① 香港特别行政区政府统计处. 2006年中期人口统计之主题性报告〔R〕，长者，2008：21.

② 同①：21.

③ 香港社会服务联会. 香港安老服务概况，香港社会服务联会网站，http：//www.hkcss. org. hk/download/folder/el/el_ chi. htm

④ 同上。

顾的程度。“在2001年时，全港独居或只与配偶同住的长者有222000人，而到2006年，该数字上升至279400人，上升幅度高达26%。”① 在2006年时，有53.4%的长者与子女同住（其中30.4%的长者与配偶及子女同住，23.1%的长者只与子女同住），另外，则有21.2%的老人只与配偶同住，属于空巢老人；还有11.6%的老人则为独居老人。②

2. 收入状况

由于大多数长者的劳动能力逐渐下降，其收入状况也在很大程度上影响着老年人的生活水平。根据香港特区政府2006年的统计结果，“香港长者的收入中位数为每月6500港币（全港个人收入中位数为每月10000港币），其中有超过80%的长者依靠个人储蓄生活。而到2008年，仅有12%超过60周岁的长者仍在工作，有超过18万60岁以上的长者领取综合社会保障援助，占60岁以上人口的17%；有约48.3万名65岁以上的长者领取高龄津贴，占65岁以上人口的55%。”③

3. 健康状况

尽管现代医疗水平使人均预期寿命不断增加，但是越来越多的长者在晚年生活过程中依然要受到各种疾病的困扰。“大约有超过70%的长者患有一种或多种长期疾病，最普遍的是高血压、关节炎、视力疾病和糖尿病。现时香港约有7万名老年痴呆症患者。如果以现时人口老化的速度推算，预期至2050年，患者人数将大幅飙升至33万人。而在75岁或以上的长者中，约有22%出现认知困难。”④

4. 文化程度

在2006年的人口统计中，长者中未接受教育或者只有学前教育

---

① 香港社会服务联会. 香港安老服务概况，香港社会服务联会网站，http：//www.hkcss. org. hk/download/folder/el/el_ chi. htm

② 以上数据参考香港特别行政区政府统计处. 2006年中期人口统计之主题性报告〔R〕. 长者，2008（2）.

③ 同①.

④ 同①：2.

程度的比例为35.8%，有64.8%的男性长者及83.8%的女性长者只有小学或以下的教育程度，而接受了中学及以上教育的程度的长者比例则由1996年的16.1%上升至2006年的25.0%，其中21.3%的长者及9.2%的女性长者曾经接受过高中及以上的教育。[①] 从统计数据可以看到，目前香港长者的教育程度总体而言仍然不高，较低的教育程度同样限制了部分长者对于社会服务的使用，而男性长者的受教育程度较女性长者高。但是随着时间的不断推移，香港长者的受教育程度依然在不断提升。

第二节 香港安老服务的发展历程、理念与现状

一、香港安老服务的发展历程

伴随着人口老龄化的不断加深，老龄人口在居住、收入、健康及文化方面的特征不断发展变化，加之外部社会经济、政治等的不断变动，也推动着香港社会的安老服务不断发展，也促使香港的安老服务呈现出了阶段性的变化。

（一）1960年前的香港安老服务

具有近代意义上的香港老年社会福利服务最早可以追溯到19世纪末。由于最初港英政府统治时期仅为攫取更多殖民利益而将更多关注投入到香港经济发展中，因此对于社会服务方面采取消极被动态度。“港英政府于19世纪90年代提出的社会福利基本施政方针，即政府不会在香港建立一个制度性社会福利系统；政府只会尽力弘扬华人传统的孝道和服从精神，借此发挥家庭照顾

---

① 以上数据参考香港特别行政区政府统计处．2006年中期人口统计之主题性报告〔R〕．长者，2008（2）．

功能；政府在提供社会福利服务方面仅扮演支援角色。”[①] 因此在这一阶段上的香港社会福利服务基本上由本港的华人慈善团体承担。

这一时期的香港社会认为照顾长者是家庭的责任，社会在安老服务方面仅是一种慈善救济，且由慈善机构独自承担。在 1870 年，第一个由华人捐资创办的慈善机构东华三院在香港成立，开始为华人提供救济服务，此后广荫老人院、香港家庭福利会、香港明爱、香港耆康会等慈善机构大量涌现，他们在救助弱老等弱势群体方面发挥着主导的作用。在安老服务方面，他们主要向老年人提供医疗救助、经济救济等方面的服务，但是这些服务都统合在机构提供的所有救济服务中，并没有因为长者这样的一个群体而单独划分出个别化的专业服务。

在 20 世纪 60 年代末，受西方社会服务发展的影响，香港亦开始引进国外的服务模式，由一些慈善团体出资创办老人院，将护理、康乐、院舍照顾等引入到安老服务中，社会中开始出现了以慈善形式向长者提供的有限度的社会服务。而此时的香港政府依然没有转变观念，依然采用消极被动的态度对待，只是为无依无靠的长者提供低水平的经济上的援助。

（二）20 世纪 70 年代至回归前的香港安老服务

在 20 世纪 70 年代初，世界性的经济危机同样波及经济刚刚起飞的香港，社会福利问题的发生迫使港英政府正视社会问题，通过提供社会服务以稳定社会环境，保持经济的增长。人口的变化使得政府开始重视老龄人口问题，并在 1972 年成立了工作小组，研究长者的需要，该工作小组的报告为今后的安老服务发展奠定了重要的基石，在报告中，工作小组提出了“社区照顾 ”的概念，并一直沿用至今。

到了 20 世纪 80 年代，社会环境的巨大改变、家庭居住情况的

① 田北海，张晓霞．近代以来香港老年社会福利模式转型的制度主义分析——兼论对内地福利制度改革的启示〔J〕．江西社会科学，2008（2）：179.

变化以及老龄人口的不断增加，使得家庭照顾长者的能力被大幅削弱，如何能够为长者提供更好的照顾成为一个重要的课题。一方面，港英政府大力扩展社区支持服务，建立长者社区服务中心、长者日间护理中心、长者活动中心、家务护理队等，以在社区内为长者提供服务，支持长者在家庭中生活。另一方面，在 20 世纪 80 年代中期质素参差不齐的老人院大量出现，虽然在一定程度上满足了老年人入住机构的需要，但是也同样造成了一系列的问题。在社会人士的大力争取下，港英政府提出的“安老院条例”方案最终在 1994 年获得通过，并在 1996 年正式执行，从而提升香港安老院舍服务的质量。

随着现代社区的不断发展，居民搬上了高层住宅，但是人口的加快流动和生活节奏的不断加快，原有的社区邻里关系发生了很大的变化，原子化的生活让长者的生活减少了社区中的支持网络。在 1996 年农历新年即将到来之际，香港约 150 名独居老人因没有得到及时有效的救助而死亡引起了香港社会对于独居老人的生活关注。“由此，政府正式开始发展‘长者社区网络计划’，动员社区义工及邻居关心长者生活，而非政府提供的安老院及护理安老院也自发在寒冷天气下为有需要的长者提供短暂住宿服务。更有一群关注长者服务的社会人士和热心社工成立了‘香港长者安居协会’，提供‘平安钟’、‘耆安铃’等服务，发展社区长者支持网络，并运用网络技术为长者提供及时有效救助服务。”①

（三）特区政府时期的香港安老服务

面对人口老龄化速度不断加快和程度不断加深，1997 年香港特区政府成立之后，便将“照顾长者”作为政府三大施政方针之一。特区政府强调发展对长者的“持续照顾”和“社区照顾”，坚持“一个文明社会，应确保长者享有基本及有尊严的生活”的理念，要求真正做

① 香港社会服务联会. 香港安老服务简史，http：//www. hkcss. org. hk/el/index. htm

到“老有所养、老有所依、老有所为”，使“长者不需为老来无依而彷徨，不因疾病而感到无助，不因年长而变为社会或家庭负累”。[①] 同年，香港安老事务委员会正式成立，“主要职责是向政府提供建议，制定全面的安老政策。委员会成员包括从事安老服务及其他界别的专业人士、学者和地区领袖”[②]。自此，香港特区政府形成了由社会福利署和安老事务委员会对安老服务进行管理和政策支持的行政架构。

在1997年回归之后，由于社会对于长者生活的日益重视以及政府对于长者照顾的日益关注，香港非政府机构的长者服务也得到了更大的发展，围绕社区照顾开展有更加繁多的服务项目，逐渐形成了社会福利政策和社会机构服务相互配合，社区照顾和院舍服务统合发展，为长者提供不同层次的、满足多种不同需求的社会服务，务求使长者能够对于自己所享受的社会服务有更多的选择权。

在2010年香港特区政府行政长官的施政报告中提出，伴随第二次世界大战后生育高峰出生人口进入退休年龄，香港政府将面对更多的长者服务挑战，政府亦将在高龄津贴、长者回乡养老、长者医疗券实验计划等方面制定更加切实有效的福利政策。此外，政府会对社区及家居照顾服务和院舍服务方面增加投入，通过增加社区照顾长者服务的名额和为正在轮候院舍宿位的长者制订个别化家居照顾实验计划，推广“离院长者综合支援计划”从而配合长者在家安老的政策目标。[③]

---

① 以上材料参考香港仁爱堂胡忠长者地区郑碧霞主任制作“香港安老服务”介绍幻灯片，2010-10-8.

② 香港特区政府安老事务委员会简介，http://www.elderlycommission.gov.hk/sc_txt/About_Us/Introduction.html

③ 以上资料参考2010年香港特别行政区行政长官曾荫权施政报告〔R〕. 民心我心同舟共济 繁荣共享之“高龄化社会”部分资料.

二、香港安老服务的理念

纵观1997年至今香港特区政府在推行安老政策及相关社会服务方面的有关文本，不难发现，其中始终贯穿着香港社会对于安老服务所坚持的理念。

（一）以人为本（People – based Approach）

在香港的社会服务发展过程中，“以人为本”、“助人自助”始终都是指导政策制定和服务开展的重要理念，因此，在安老服务中也不例外。在服务中，老年人本身的需求和发展始终作为围绕开展的核心内容，也为所有的政策和服务确定了基点。

（二）社区照顾（Care in the Community）

在中国传统文化中，家庭始终是为长者提供照顾的主要场域，而长者首先选择的晚年生活状态亦是仍然留在家庭中生活。但是，由于现代化的发展，家庭养老功能不断被弱化。自1972年香港政府工作小组提出了“社区照顾”的理念，以社区资源和社区服务为家庭为老照顾提供协助，从而使得“社区照顾”成为“家庭养老”和“院舍养老”的第三条道路，此后始终贯穿香港安老政策及服务。

（三）持续照顾模式（Continuum of Care）

为了能够为长者提供多层次的社会服务，在香港安老服务体系中，针对不同阶段、不同能力的长者都分别有不同的社会服务。以健康程度和外出活动意愿为例，安老服务中为健康程度较好、外出活动意愿较强的长者提供中心为本的发展性服务，为健康存在某些不足或者外出活动意愿较差的长者提供居家照顾服务，为健康程度较差但仍能够在晚间得到家庭照顾的长者提供社区日间护理服务，为健康程度差且无法继续在家庭中接受照顾的长者提供院舍服务等，从而实现安老服务对长者的“持续照顾模式”，让长者在不同阶段下亦能够享受到可以满足其需求的服务。同时，通过这样的一种服务体制安排，也在最大限度上降低社会集中院舍养老成本，通过社会资源的整合与投入满足长者生活需要。

（四）老有所为（Productive Ageing）

“Productive Ageing”自20世纪80年代由美国学者提出，因其内在对于长者能动性的尊重和优势视角逐渐得到认同，也逐渐成为香港政府在制定安老政策和推动安老服务过程中的重要理念。在该理念指导下，人们更加强调对长者的能力以及发展意愿的认识，同时强调社会更加应该为长者能力的发挥和自身的发展需求提供平等的参与机会。“‘老有所为’的目标是令长者的晚年生活保持生机及活力，充分发挥他们的能力及潜质，提升个人尊严，并透过长者的表现及贡献，建立他们在家庭和社会中的正面形象及地位。”①

三、香港安老服务的现状

借由香港特区政府在安老社会政策方面的不断完善，加之香港社会服务机构努力创新，根据长者服务需求而不断发展和完善服务内容，香港安老服务逐渐形成了以“社区照顾”和“持续照顾”为目标的服务体系，在不同的层面为长者生活提供便利和照顾。

第三节　香港安老服务的主要内容

一、老年社会福利体系建立

长者人口作为一个特定的人口群体，由于其在社会人口中所占

① 香港社会服务联会．安老服务的服务理念，http：//www．hkcss．org．hk/el/index．htm

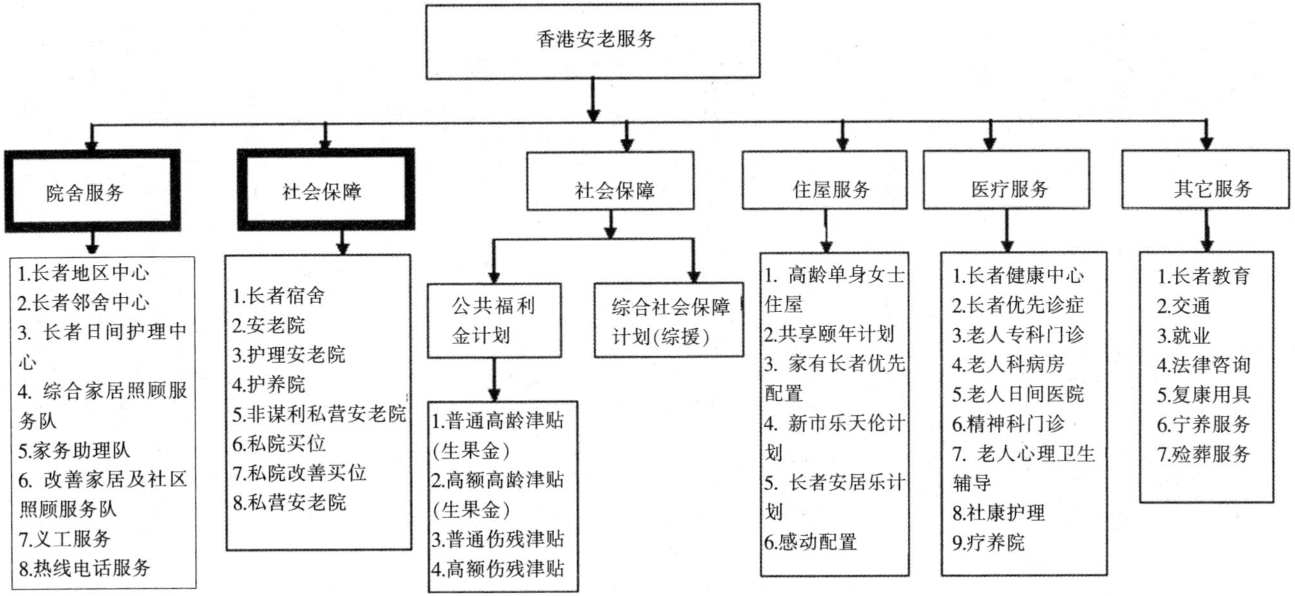

图 5–1 香港安老服务结构图

资料来源:《跨越九十年代香港社会福利白皮书初稿》,1990;《香港社会福利发展五年计划 1998 年检讨》,仁爱堂胡忠长者地区中心辅导服务。

比例的日益增加，在社会福利政策中也逐渐建立起专门针对长者人群的福利保障体系，通过完善的老年社会福利体系的建立，保证长者享受福利服务和支持的社会空间。截至2000年，香港已建立起以养老保险、老年社会救助和安老服务为三大子系统的老年社会福利体系。其中，养老保险系统由强制性公积金计划、职业退休计划、公务员退休计划、其他退休计划及个人储蓄养老保险组成，老年社会救助系统由现金与实物救助等5大类24个项目组成，安老服务体系由长者社区支援服务、安老院舍服务和长者医疗与健康服务三大子系统构成。上述老年福利系统为长者实现“老有所养”、“老有所属”和“老有所为”提供了坚实的资源保障与服务支持。①

二、“社区照顾”在安老服务中的践行

早在1972年，老龄人口工作小组就提出了“社区照顾”的概念，此后，香港长者服务中的“社区照顾”不断发展完善，并得到了社会的广泛认可。“在2000年，香港特区政府的施政报告中强调必须为体弱的老年人提供妥善的家居照顾服务，使老人可以在家中安享晚年。”② 为此，2001年，特区政府开展“改善家居及社区照顾服务”，旨在“为长者提供非住院及全面的护理服务，在这种新的服务模式下，长者获得一套回应个人需要而设的护理计划，内容包括家居照顾及24小时紧急支持，老人按需要还可获安排日间照顾服务和院舍暂托服务”③。在2003年将原有“长者综合服务中心”发展成立“长者地区中心”，扩展了服务中心的功能，“目的是帮助长者在社区过着健康、受尊重及有尊严的生活。此外，长者地区中心亦联系地区上各服务单位，更有

---

① 田北海，张晓霞. 近代以来香港老年社会福利模式转型的制度主义分析——兼论对内地福利制度改革的启示〔J〕. 江西社会科学，2008（2）：181.

② 李瑞. 居家养老的社会工作介入研究——以武汉市为例〔D〕. 华中师范大学硕士学位论文，2010：41.

③ 丁华. 整合与综合化——香港养老服务体系改革的新趋势及其借鉴〔J〕. 西北人口，2007－1－（28）：3.

效地运用社区资源，共同建立一个关怀长者的社区”①。

为了能够实现长者在家安老的目标，社会服务机构的服务从地域服务层次到服务内容层次都得到了日益的发展和完善。

根据服务地域区间不同可以分为：（1）面向全港长者的紧急救援服务和热线服务；（2）在地区层面建立长者地区中心（District Elderly Community Center），以协调和统合本地区内的长者服务资源，发展长者服务；（3）在社区层面开设长者邻舍中心（Neighbourhood Elderly Center）和长者日间护理中心（Day Care Center），方便长者就近接受专业、周到的社会服务；（4）由综合家居照顾服务队、家务助理队、改善家居及社区照顾服务队提供入户服务，为不方便或不愿意外出的长者提供入户个别化服务，从而保障长者家居生活品质。

根据服务内容则主要包括：

1. 全港覆盖的长者紧急救援服务

长者安居协会作为全港最大的长者紧急救援服务机构，以其为代表的相关服务机构为全港长者提供“平安钟”、“耆安铃”、“平安手机”等热线式紧急救援服务。使用网络技术搭建强大服务后台，并联络整合分散的服务机构为有紧急需求的长者提供支援服务，从而使长者能够在紧急时刻尽可能得到最及时有效的专业服务，从而保障长者生命安康。

2. 中心为本的长者活动

中心为本的各项活动主要面向身体健康、有参与社区活动意愿的长者而开设。在长者地区中心和长者邻舍中心都会开设有内容丰富的中心活动，以为长者提供社区活动。主要包括针对长者健康方面的知识讲座和基本身体健康检查；为长者开设多样的学习课程和兴趣班；由中心定期组织长者到户外活动/旅行的社交康乐活动；邀请长者所在家庭的家庭成员共同参加的家庭互动活动；协助长者申

① 香港社会福利署网站：长者地区中心，http：//www. swd. gov. hk/tc/index/site_ pubsvc/page_ elderly/sub_ csselderly/id_ districtel/

请生果金、社会援助、长者屋等，并支持长者获得其所需的相关社会服务。

3. 长者日间护理服务

长者日间护理中心及长者日间护理单位为身体机能属于中度或严重受损的体弱及痴呆症长者于日间提供照顾及支援服务。[①] 该类单位主要提供包括个人照顾、护理、康复训练、健康教育、护老者支持、暂托服务、辅导级转介服务、社交及康乐活动、膳食及往返中心的接载服务。[②] 通过在社区范围内设置该类服务项目，较好地满足长者不离家的日间护理和照顾需求，在居家照顾和院舍照顾之间起到了承接作用，使老人能得到持续无间断的照顾。

4. 家居照顾服务

最初为体弱长者、残疾人及其他有特殊需要的长者提供家居照顾服务的“家务助理队”，在2003年4月经过“重整长者社区支援服务计划”而几乎全部提升为“综合家居照顾服务队”，透过经验丰富及受过专业训练的工作人员和区内各服务单位的合作网络，为体弱长者、残疾人士及有特殊需要的家庭提供不同种类的照顾和服务[③]。

就家居服务而言，经过2003年的重整，只包括两类服务，即综合家居照顾服务队和改善家居及社区照顾服务。在社区中享受家居照顾的长者经由综合评估评定后被划分为“护理个案”和“普通个案”。针对护理个案，家居照顾服务往往需要整合包括专业社工、物理治疗师、职业治疗师、家居照顾员等不同专业人员组成服务团队，向服务对象设计并提供一套有计划、完整的家居及社区支持服务，如护理计划、基本及特别护理、个人照顾、复康练习、护老者支持

① 香港社会福利署网站. 长者日间护理中心，http：//www. swd. gov. hk/tc/index/site_ pubsvc/page_ elderly/sub_ csselderly/id_ daycarecen/

② 丁华. 整合与综合化——香港养老服务体系改革的新趋势及其借鉴〔J〕. 西北人口，2007－1（28）：3.

③ 香港社会福利署网站. 长者地区中心，http：//www. swd. gov. hk/tc/index/site_ pubsvc/page_ elderly/sub_ csselderly

服务、暂托服务、24 小时紧急支持、家居环境安全评估及改善建议、家居照顾、膳食服务、交通及护送服务等。而针对普通个案对象，则“提供个人照顾、简单护理、家居清洁、护送服务、日间到户看顾、家居安全及健康评估服务、购物及送递服务、膳食及洗衣等服务。这种服务提供给轻度弱老者以初步护理服务，防止老年人衰弱速度的加快，延缓老年人对院舍照顾的需求，体现了长期护理的理念。”①

5. 长者支援服务

各服务机构致力于为独居长者或缺少支援的长者提供包括义工探访、义工培训、定期电话访问、陪诊照顾、简单家居清洁与维修、康乐活动、户外活动、节日物资赠送及防寒/暑计划等，为长者家庭安老提供社会服务支援。

6. 个案辅导服务

为在经济、住房、健康、情绪、人际关系等方面存在问题的长者提供个案管理、辅导面谈、家庭访问、认知/抑郁评估、治疗性小组、长期护理服务评估、个案式综合经济援助以及各类服务转介等服务，协助长者改善相关问题，以更好应对晚年生活。

7. 护老者支援服务

“护老者是指向体弱、身体机能或心智有缺损或有长期病患的老人提供照顾的人”②。在 2003 年长者服务转型计划过程中，护老者服务正式被纳入到长者地区中心、邻舍中心的服务内容中。中心将为在家中照顾长者而遇到困扰的人士提供长者病理知识讲座、社区资源讲座、朋辈支援小组、护老者康乐互动、电话咨询服务、喘息服务、康复器材租用、家居安全评估、综合康复训练以及社区倡导活动。通过对护老者的服务提供，增强护老者的自身能力，从而支持

---

① 丁华. 整合与综合化——香港养老服务体系改革的新趋势及其借鉴〔J〕. 西北人口，2007 -1（28）：3.

② 王裔艳，赵环. 香港护老者支援服务研究〔J〕. 人口与发展，2008 - 14 - 5：100.

长者家庭更好地使长者在家庭中安老。

8. 隐蔽长者服务

在2009年，香港政府开始为隐蔽长者提供服务。由于部分隐蔽长者仅可知晓其活动范围而较难了解到其居住地点，因此，在隐蔽长者服务方面，香港政府要求社会服务机构以此类长者日常活动地点为准划定其所属地域，由该地区相关服务机构提供服务。“目前，全港共有41间长者地区中心和117间长者邻舍中心通过外展工作接触隐蔽长者，为其提供电话和探访慰问、协助处理简单家务（例如往返诊所和做家务）、提供情绪支援及辅导、协助他们建立社交网络以及转介至合适的机构接受援助（例如转介至医院接受诊治、房屋委员会接受体恤安置和社会福利署申请资助长期护理服务等）。通过专业社工的服务以加强隐蔽长者与社会的联系，从而为其提供适切的支援和服务”①。

三、机构化养老的有效补充

为向长者提供优质服务，在2000年11月特区政府正式引入“安老服务统一评估机制”（SCNAMES），通过为有需要的长者提供统一的申请评估，从而恰当安排社会服务的跟进。在2003年11月28日，香港特区政府实施长期护理服务中央轮候集中处理受资助长期护理的申请，而长者健康及家居护理评估（MDS－HC）评估员诞生。由于需要专业评估员的评估，因此，长者长期护理服务申请只接受转介而不是由申请人直接申请，可以协助长者办理申请的单位则包括综合家庭服务中心、医务社工、长者地区中心、长者邻舍中心、长者活动中心、保护家庭及儿童课、辅导服务单位、露宿者服务中心等。在经过统一评估后，将根据长者情况分配到不同的服务

① 香港特区政府劳工及福利局. 2011年1月12日在立法会会议上黄毓民议员的提问和劳工及福利局局长张建宗的答复，http://www.lwb.gov.hk/chs/legco/12012011_2.html

单位接受服务，而需要进入院舍服务的长者则将会接受统一的安排。由于目前香港长者院舍资源紧张，所以一般轮候期至少为 3 个月，在此期间，则将有社区服务机构为长者提供个别化支援服务，以使长者服务不致因资源紧张而出现空缺。①

在 2003 年之前，香港特区政府并没有对申请院舍服务的长者有特别规定，因此香港的长者院舍也接纳健康的和有护理需要的长者。面向健康长者开展的院舍服务，包括有②：

1. 长者宿舍

为 65 周岁以上、有住房或社交的需要但未能独自居住、长者可以独立照顾个人卫生及起居、长者体格及精神状态适合过群体生活的长者提供共助的房间；提供社会工作服务，如个案评估、辅导、转介及举行活动等；提供便利院友日常生活的资料以及定期举行活动满足院友的社交康乐需要，鼓励院友发展个人兴趣及与社区及家人保持接触等。

2. 安老院

主要为 65 周岁以上；通过“安老服务统一评估机制”被评为适合入住安老院的长者；有社交或住房需要，但未能独自居住；可以照顾个人卫生及清洗个人衣物；在进行/打理其他起居活动（如煮食、打扫、购物及粗重洗熨）方面出现困难；以及体格及精神状态适合过群体生活的长者提供共住的房间；每日最少三餐膳食；社会工作服务，如个案评估、辅导、转介和举行活动等；提供起居照顾，如打扫及粗重洗熨工作；帮助有需要的院友进行属个人性质的活动，如写信等；以及定期举行活动以满足院友的社交康乐需要，鼓励院友发展个人兴趣及与社区及家人保持接触。其目的在于为未能独自在社区生活，但又无须依赖他人的长者以及在“安老服务统一评估

---

① 以上材料参考香港仁爱堂胡忠长者地区郑碧霞主任制作“香港安老服务”介绍幻灯片，2010－10－8.

② 以下关于香港院舍安老服务内容参考“香港特区政府社会福利署之安老服务”网页整理而成，http：//www. swd. gov. hk/tc/index/site_ pubsvc/page_ elderly/sub_ residentia

机制”下被评为没有或轻度缺损的长者提供起居照顾或护理服务。

以上两种的院舍服务在2003年时终止接受申请，在2005年逐步取消并转型为提供长期护理服务的院舍。自此，香港院舍服务主要面向有较多护理需求的长者，而不再接受健康长者的申请，以使有限的院舍资源能够更多地满足生理弱势长者的服务需求。护理安老院和护养院成为主要的院舍服务形式。

1. 护理安老院

护理安老院为健康欠佳、身体残疾、认知能力稍为欠佳及在“安老服务统一评估机制”下被评为中度缺损而未能自我照顾起居，但在精神上适合群体生活的长者，提供住宿照顾、膳食、起居照顾及有限度的护理服务。主要面向65周岁以上；通过“安老服务统一评估机制”被评为适合入住长者；健康欠佳，或身体机能丧失或衰退，以致在个人照顾及起居活动方面需要别人提供协助；可利用步行辅助器或轮椅走动；没有家属可以提供必需的协助，或者是照顾长者为家人带来很大压力；以及精神状态适合过群体生活的长者提供共住房间；每日至少三餐膳食；社会工作服务，如个案评估、辅导、转介和举行活动等；护理服务，包括药物的服务和监管；安排人员全天24小时当值；注册医生定期探访诊治；个人照顾服务，包括照顾长者的起居；治疗运动及疗法配合（以小组或个人形式进行），借以维持或改善院友的身体机能；以及定期举行活动以满足院友的社交康乐需要，鼓励院友发展个人兴趣及与社区及家人保持接触。

2. 护养院

护养院为一些健康欠佳、身体残疾、认知能力欠佳及在“安老服务统一评估机制”下被评为严重缺损而未能自我照顾起居，但在精神上适合群体生活的长者，提供住宿照顾、膳食、起居照顾、定时的基本医疗和护理及社会支援服务。护养院的服务对象相对于护理安老院的服务对象在身体健康问题方面更加严重，需要定期的基本医疗和护理照顾或长期残疾，行动需要协助但活动非完全限制于轮椅上的长者。因此，在护养院服务中对于医疗护理服务也较护理安老院更为深入，需要提供定时的基本医疗照顾服务。

由于近年来服务需求的不断扩大，但是院舍服务床位增加缓慢，政府开始通过向私人院舍购买床位计划以满足长者的院舍服务需求。其中部分护理安老院宿位由合约院舍或参与“改善买位计划”的私营安老院提供；而部分的护养院宿位则由合约院舍提供。截至2011年6月，香港各类长者院舍服务提供宿位情况如下表5－1：

表5－1　安老院舍照顾服务统计总览

	宿位名额总数（截至2011年6月30日）			
	津助院舍、自负盈亏及合约院舍内的资助宿位	改善买位计划下的资助宿位	非谋利自负盈亏院舍/合约院舍内的非资助宿位	总数
长者宿舍	24	–	15	39
安老院	430	–	1146	1576
护理安老院	14937（注一）	7145	3179	25261
护养院	2403（注二）	–	904（注三）	3307
总数	17794	7145	5244	30183

注一：包括提供持续照顾服务的护理安老院宿位。

注二：包括“护养院宿位买位计划”下的护养院宿位。

注三：包括只在卫生署注册的自负盈亏护养院的宿位数目。

资料来源：香港社会福利署“安老服务”网页，http：//www. swd. gov. hk/tc/index/site_ pubsvc/page_ elderly/sub_ residentia/id_ overviewon

四、专业社工在安老服务中的角色与作用

在香港庞大的安老服务体系中，社会工作者作为其中不可或缺的一支专业力量发挥着举足轻重的作用，其主要工作角色和发挥作用表现在：

1．服务需求评估者

在目前的香港安老服务过程中，长者首先需要通过“安老服务统一评估机制”的评估，而为长者提供此项评估的专业人士即为服务在不同服务机构中的专业社工。在接受了分配到的服务个案后，

分散在不同服务机构中的专业社工也将为服务对象及其家人提供专业化的个案需求评估，以针对服务对象的不同需求设计个别化的服务方案，从而使服务对象的服务需求能够得到有效满足。

2. 服务资源链接及整合者

由于在服务过程中，服务对象总是会在不同的服务过程中需要应付不同的审批程序以及各项工作手续。但是长者个人会因为文化程度、健康状况等不同因素的影响而无法独立完成所有程序，因此，在服务过程中，专业社工将会协助长者完成各种审批程序和工作手续，减轻服务对象的行政负担。同时，由于专业社工对于服务对象需求的了解，也会在过程中围绕服务对象的需要整合不同服务资源，促进跨专业的相互合作，包括医疗、护理、法律等不同专业人士的交流与配合，以期为长者提供最为切适的专业服务。

3. 个案辅导服务提供者

在安老服务中，无论是社区服务、院舍服务，无论是针对长者的服务，还是针对护老者的服务，其中都涉及大量的辅导性服务，这些服务都由专业社工负责协助和跟进，从而满足长者的个别化服务需求。

4. 服务过程评估及服务改善者

在服务的不同阶段，专业社工都承担着服务的阶段性成效评估的职责，通过对服务成效的不断检视从而使服务方案能够顺应服务对象需求的变化而得以调整，从而使服务能够不断调整以满足长者在不同阶段的服务需求。

5. 安老服务政策的建议者

由于在服务过程中，前线社工接触大量服务对象的服务需求，并能够对各项社会政策和福利安排进行最有效的服务检视，因此能够针对服务需求的不断发展变化而对安老服务政策提供最为有效的服务数据和政策建议，从而为社会政策的制定提供最佳改善方案，使社会服务政策能够更好地服务于服务对象。

第四节 香港安老工作的经验与挑战

一、香港安老工作的成功经验

1. 福利主体的多元化

在香港的安老服务体系中，政府、企业、社会服务机构、家庭及个人都成为福利的责任主体。在这种多元化主体格局中，分别形成了两种形式的“三方伙伴主义”机制：一是作为权力分享和责任分担机制的合作主义，即在政府、劳工组织和雇主组织之间建立起来的“社会伙伴关系”；一是作为福利服务实施机制的合作主义，即政府—商界—第三部分之间的三方合作。[①] 在福利体制框架下，各方发挥各自作用，并相互配合，既分担了福利服务过程中的主体责任和服务压力，同时也能够相互监督，发挥各自优势，更好地服务于服务主体。

2. 福利开支更强调私人部门和社会的力量加入

虽然香港特区政府的安老服务开支不断增加，但是由于香港特区政府奉行低税率以促进经济发展的政策，因此政府收入相对有限，其社会福利系数也一直保持在较低的水平上。为应对社会安老服务开支的不断增加，政府通过开展“携手扶弱基金”等计划以及提供税收及其他社会政策方面的优惠促进私人部门和市场力量发展社会服务。于是在借助社会力量的支持下使得安老服务得以发展。

3. “社区照顾”服务的发展，满足长者的居家安老服务需求

香港特别行政区行政长官曾荫权于2005年10月12日在其首份施政报告中明确指出，“长者如果能够在社区作息，维持正常的社交生活，对身心皆有益处。为进一步落实‘社区安老’的理念，我们要发展更多以‘社区为本’的长者护理服务，加强医疗及长者服务

① 田北海，张晓霞. 近代以来香港老年社会福利模式转型的制度主义分析——兼论对内地福利制度改革的启示〔J〕. 江西社会科学，2008（2）：181.

之间的协作，让长者在社区得到适当的医疗及护理照顾，无须过早入住安老院舍。”香港政府长期致力于在社区层面构建安老服务网络和对长者的社会支持网络，从而延缓长者进入院舍接受服务的需求，更加有助于长者的身心健康。

4．多层次、多选择式的安老服务提供

无论是“社区照顾”服务还是“院舍照顾”服务都发展出了针对不同需求、不同情况长者的丰富服务内容，能够切实有效地根据长者的服务需求让长者有更多的服务空间选择适合的服务。同时能够针对处在不同阶段的长者的生理、心理、社会等方面的需求发展，提供有针对性的服务，从而实现了“持续照顾”的服务目标。

5．多部门、跨专业的服务资源整合

针对于长者人口的不同需要，同时为了能够保证服务的质素，香港的安老服务处处体现着多部门、跨专业的服务配合和资源整合。在政府的层面有社会福利署、安老事务委员会、劳工及福利局、房屋署等多个部门的相互配合，在服务机构中有长者地区中心、邻舍中心、日间护理中心、家居照顾服务队、护理安老院、护养院、医院等不同服务机构的相互配合，在一线服务中有医生、护士、护理员、社会工作者、物理治疗师、职业治疗师、家居照顾员等不同人士的相互配合，从而形成了面向长者需求的庞大社会服务支持网络。

二、香港安老工作面对的挑战

尽管香港安老服务已经有了百多年的发展，但是面对社会环境的变化以及长者服务需求的不断变化，香港安老工作亦面临诸多挑战，主要表现在：

1．院舍宿位紧张，无法满足服务需求

由于撤销了福利服务的五年规划，加之香港特区政府对于安老院舍服务的投入增加有限，而老年人口尤其是高龄人口增加显著，使得香港安老院舍服务宿位紧张，甚至不断发生长者在轮候期已经过世的事件。如何能够根据人口变化情况以及服务需求的发展提供相应的院舍安老服务成为香港社会安老服务的重要压力之一。

2. 公立医院资源紧张，长者就医难显著

由于香港特区政府对于长者就医的优惠政策多集中在公立医院，导致公立医院老人科服务资源紧张。香港政府于2010年开始推行的长者医疗券实验计划，资助70岁以上长者使用私营基层服务，并将检讨其结果，以增加在扩展长者医疗服务提供方面的更多尝试。

3. 人口流动对于安老服务的挑战

随着近年来越来越多的香港长者选择回内地养老，对于香港的安老服务政策和相关服务都提出了新的挑战，如何让长者既能够回乡安老，又能够享受其应有的福利服务和福利权利，香港政府亦将展开新的实验计划。

4. “一笔过”拨款体制下的“一站式服务”，专业服务压力增大

在香港社会服务推行“一笔过”拨款制度后，相关社会服务机构的服务经费都较之前有了很大的限制。而经由香港推行“一站式服务”之下，越来越多的安老服务机构尝试种类繁多的服务内容，但是服务资金缺口却不断增加，一线工作人员压力不断增大，这也造成了服务机构人员流失状况的增加。如何能够在保持服务品质的前提下做好财务的平衡以及“全”与“专”的平衡，都成为安老服务机构所面临的共同问题与挑战。

第六章　香港青少年社会工作

青少年时期是人生迈向成长的一个阶段，生活充满快乐和激情。但在这青春勃发的时期，青少年开始面对伴随成长而来的种种复杂问题和挑战，心中肯定是充满困惑。对于身处弹丸之地的竞争激烈的香港的青少年来说，这形容尤为恰当。香港无论在政治、经济及社会环境方面，都是瞬息万变的。现今香港的青少年经常受到多方面的压力，例如家庭问题、学业上的困难、朋辈的影响及外界的诱惑。因此，香港特区政府非常重视青少年社会福利服务，采取多种社会工作方式和方法，为有需要的青少年提供适时支援，以协助他们健康成长。

多年来，香港特别行政区秉承“青少年是香港的未来，培育他们健康成长是香港整体的责任①”的工作原则，通过社会福利署资助一些青少年社会工作服务机构，为青少年提供了一系列具有预防性、发展性和补救性的福利性社会工作专业服务，以此帮助青少年成为对社会负责并有积极贡献的社会一员。

---

① 语出香港社会福利署署长邓国威，参见香港社会福利署. 促进新一代健康成长（2006 年修订版），见扉页。

第一节 香港青少年群体的现状

一、香港青少年人口概况

香港人口普查是对香港人口数据统计的过程，目前由香港特区政府统计处负责。现时香港每10年（在逢1的年份）进行一次人口普查，并在两次人口普查之间（在逢6的年份）进行一次中期人口统计。根据香港特区政府统计处2011年发表的最新公报数字显示，2010年年底香港人口初步统计数字为706.78万人，其中15岁以下年龄组别的群体，人口为85.8万人，占总人口的比重为12.1%，15至34岁的年龄组别的群体，人口为197.62万，占总人口的比重为28%①。青少年群体占到整个人口比重的三分之一，在这种情况下，青少年的健康成长与全人式发展成为香港特区政府的重点工作。

二、香港青少年群体面临的压力

作为一个比较活跃的群体，在激烈的竞争环境下，香港青少年面临着前所未有的压力，这些压力给青少年的发展与成长带来了一些困扰，给他们的生理、心理健康带来了一些问题。青少年面临的压力见表6－1、表6－2。

三、香港青少年成长面临的困境和问题

纵观上述青少年面对的压力来源和强弱，香港青少年面临的困境和问题有以下几个方面：

1. 心理和情绪问题

处于青春期的青少年，有一定的逆反心理，在学习生活工作过程

① 数据参见香港政府统计处. 香港统计数字一览，2011：10－15.

表 6－1　香港中学生压力源与强弱

	1—完全没有	2—少许	3—普通	4—强	5—十分强	无效	平均分数（标准差）
	人数（%）	人数（%）	人数（%）	人数（%）	人数（%）	人数（%）	
学业或工作	37（4.3%）	94（11.%）	288（33.7%）	312（36.5%）	124（14.5%）	0（0%）	3.46（1.01）
人际关系	118（13.8%）	259（30.3%）	291（34.0%）	127（14.9%）	59（6.9%）	1（0.1%）	2.71（1.09）
关系转变	363（42.5%）	193（22.6%	156（18.2%）	85（9.9%）	56（6.5%）	2（0.2%）	2.15（1.26）
身体健康	284（33.2%）	237（27.7%）	218（25.5）	81（9.5%）	34（4.0%）	1（0.1%）	2.23（1.3）
经济困难	244（28.5%）	237（27.7%）	198（232%）	106（124%）	68（8.0%）	2（0.2%）	2.43（1.24）
突发事件	431（50.4%）	197（23.0%）	132（15.4%）	59（6.9%）	35（4.1%）	1（0.1%）	1.91（1.14）
社会问题	326（38.1%）	270（31.6%）	171（20.0%）	56（6.5%）	30（3.5%）	2（02%）	2.06（107）
整体压力	52（6.1%）	225（26.3%）	313（36.6%）	191（22.3%）	70（8.2%）	4（05%）	3.00（1.03）

表 6 - 2　　香港大学生压力源与强弱

	1—完全没有	2—少许	3—普通	4—强	5—十分强	无效	平均分数（标准差）
	人数（%）	人数（%）	人数（%）	人数（%）	人数（%）	人数（%）	
学业或工作	7(2.0%)	39(11.3%)	84(24.3%)	157(45.5%)	58(16.8%)	0(0%)	3.64(0.96)
人际关系	23(6.7%)	119(34.5%)	119(34.5%)	70(20.3%)	14(4.1%)	0(0%)	2.81(0.97)
关系转变	117(33.9%)	104(301%)	59(17.1%)	47(13.6%)	18(5.2%)	0(0%)	2.26(1.21)
身体健康	59(17.1%)	118(34.2%)	92(26.7)	67(19.4%)	9(2.6%)	0(0%)	2.56(1.07)
经济困难	55(15.9%)	108(31.3%)	106(307%)	64(18.6%)	12(3.5%)	0(0%)	2.62(1.01)
突发事件	165(47.8%)	96(27.8%)	45(13.0%)	30(8.7%)	7(2.0%)	2(06%)	1.89(1.07)
社会问题	96(27.8%)	135(39.1%)	78(22.6%)	28(8.1%)	8(2.3%)	0(0%)	2.18(1.00)
整体压力	6(1.7%)	R8(25.5%)	144(41.7%)	94(27.2%)	12(3.5%)	1(0.3%)	3.05(0.86)

资料来源：李庆伟，萧婉玲，何思敏．香港青少年压力应对方式调查研究〔J〕．青年探索，2008(6)：3-12.

中，面对挫折和比较，很容易产生一些心理和情绪问题，比如偏执、冲动、自私自利，缺乏责任感，自卑等。

2. 失学失业问题

学业的压力和工作的竞争，使得一些青少年失学失业，流落街头，成为社会边缘群体，受到社会歧视乃至加入一些犯罪组织。

3. 家庭矛盾冲突，亲子关系失衡

家庭关系的适应也是香港青少年面临的一个非常大的问题，主要包括与父母关系紧张、父母照顾缺失等。

4. 网络成瘾问题

香港作为科技发展的先锋城市，网络的发达，使得一些青少年沉溺于网络世界中，对他们的身心造成伤害。

5. 其他问题

比如青少年的吸毒、早恋、未婚生育、有组织之犯罪等问题。

第二节　香港青少年社会工作的发展历程、现状与特征

香港青少年服务和西方一样是在走向现代化的过程中产生出来的，至今已经有逾 100 年的历史。于 20 世纪 70 年代中期开始实行专业的青少年社会工作服务，迄今已有 30 多年。在港英当局、特区政府和众多社会工作组织以及专业社会工作者的努力下，香港的青少年社会工作逐渐发展成一个标准化、体系化的社会福利服务环节。

一、香港青少年社会工作的发展历程

依靠大量中国内地移民所提供的劳动力和资本，香港从 20 世纪 60 年代开始进入一个经济繁荣的兴盛时期，70 年代经济迅速发展接近发达国家水平。但当时社会福利服务的环境并不理想，物质还是相当匮乏，不少儿童及青少年没有受教育的机会，因而有一些带着

志愿性质的社会工作组织为青少年及他们的家庭提供食物、住房、基础教育、技能训练及娱乐等服务①。1966 年及 1967 年发生的社会动乱事件令港英政府及社会大众担心青少年对政府的不满会危害社会的安全与稳定，因此社会开始关注青少年并为他们提供普及教育和各种青少年服务②。当时有研究指出：香港青少年犯罪的成因之一为其因缺乏家庭及学校的培育而转向与群党从事非法活动以获取成功感及认同感③。因此，香港政府于 1971 年开始实行小学免费教育，更于 1974 年就推广至实行九年免费教育；同时，政府亦将青少年服务纳入正轨，自此一直在经费上资助非政府机构开展相关服务。当时的青少年服务以个人辅导服务为主，通过提供学校社会工作服务及外展社会工作服务以协助青少年解决个人在家庭、学校及社会遇到的问题，从而减少与预防他们违法及反社会的行为④，同时开设儿童及青少年中心提供有益身心的兴趣小组、康体活动、领袖培训及义工服务以提升其人格修养、社交能力及公民意识，帮助及鼓励他们成为成熟而负责任的良好市民⑤。

1990 年港英政府成立了由专业人士、学者及青年工作者组成的“青年事务委员会”，目的是为青少年事宜向政府提供意见。香港青少年社会工作又得到了进一步细化和拓展，青少年的特别需要开始引起服务机构的重视并成为青少年工作的重点，青少年社会工作服务稳步发展，以学校社会工作为例，政府实行“一校一社工”的政策，由最初一名社工服务 4000 名学生，增加至现在每一间中学都有

---

① Newbery, P. (2007) *A history of youth work in Hong Kong*. Hong Kong: Youth Outreach.

② Hong Kong Government (1965) *Aims and policy for social welfare in Hong Kong*. Hong Kong: Government Printer.

③ Ng, A. (1975) *Social causes of violent crimes among young offenders in Hong Kong*. Hong Kong: Social Research Centre, The Chinese University of Hong Kong.

④ Government Secretariat (1977) *Development of personal social work among young people in Hong Kong*. Hong Kong: Government Printer.

⑤ Social Welfare Department (1980) *The five year plan for social welfare development in Hong Kong Review* 1980. Hong Kong: The Government Printer.

一位驻校社工。在此基础上，港英政府于1992年年初成立了一个"儿童及青少年中心服务检讨工作小组"，以总结与反思儿童及青少年中心的发展。其后该工作小组发表报告，建议将儿童及青少年中心、学校社会工作队及外展社会工作队重组为"综合青少年服务中心"，以避免服务分割、重复及缺乏弹性①。除了政府所做的工作之外，香港成立了大量的民间专业社会工作服务机构，这些机构在课余时间和休息日专门派工作人员前往青少年常去的场所和街头特别是青少年犯罪率高的地区，开展青少年的"外展社会工作"，这是一项颇有特色的青少年社会工作。

二、香港青少年社会工作的现状

经过多年的发展，香港青少年社会工作的目标逐渐清晰，那就是针对全港青少年在社交、康乐、学业和成长方面的需要，协助他们健康成长，发展潜能，培养公民责任感，贡献社会。目前，香港青少年社会工作服务的主要由综合青少年服务中心、儿童及青少年中心、学校社会工作队、地区青少年外展社会工作队以及大量的由政府提供资助，专业社会工作服务机构负责实施的社区支援计划项目提供。

综合青少年服务中心整合各种资源，采用多元化的服务模式及方法提供大量的辅导、支援、社教化及培养社会责任及发展潜能的活动提供多样化的服务以满足青少年各方面的需要。儿童及青少年中心以鼓励儿童及青少年参与有意义的活动来促进他们的个人发展为宗旨，学校社会工作服务的目的则是帮助那些在个人、家庭、人际关系及学校适应等方面出现困难的学生，使他们能够把握学习机会，发挥潜能，并加强他们与家庭、学校及社区的联系。外展社会工作服务提供的是通过外展手法接触较少参与传统青少年中心活动

---

① Working Party on Review of Children and Youth Centre Services (1994) *Report on review of children and youth center services.* Hong Kong: Government Printer.

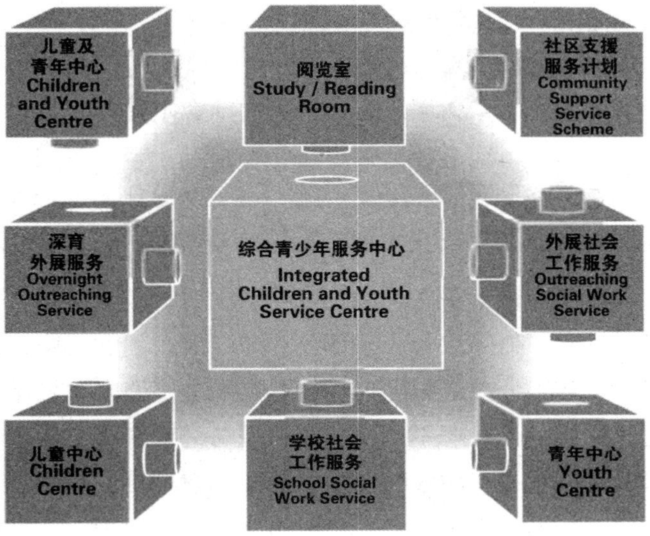

图 6-1 香港青少年社会工作服务架构

资料来源：香港社会福利署. 促进新一代健康成长（2006 年修订版），第 2 页。

且容易受不良影响的青少年，为他们提供辅导与指引，该服务由 2001 年开始增设深宵外展服务，且该服务的社工配备车辆及移动电话，为深夜在外流浪而有服务需要的青少年提供援助。社会福利署还与大量的民间专业社会工作服务机构合作，实施一系列的社区支援计划，通过社区为本的康复服务及院舍服务，做好违法犯罪的青少年的社区矫治工作，并为残障青少年提供日间训练与职业辅导服务、住宿服务及社区支援服务等，使他们能及时融入社会。

三、香港青少年社会工作的特征

青少年是一个巨大的群体，因此香港青少年社会工作的服务领域相当广泛，并且根据香港社会的实际情况，针对社会的各类青少年形成了一套具有本地特色的服务内容和服务方法。总体来说，香港青少年工作有三个比较明显的特点。

1. 服务主体多方化

香港青少年社会工作服务，不同于内地，不是仅仅只由政府或政府所属机构包办，而是注重多方协作，借助大量的民间专业社会工作服务机构（也就是NGO）的力量，共同承担青少年服务。目前香港青少年社会工作服务的主体包括政府部门、非政府组织和民间社会团体。其中，政府部门主要包括社会福利总署、康乐文化署、民政事务局、劳动处等政府决策部门；非政府组织和民间社会团体比较多，有200多个。这些机构通过相互配合协调来共同做好青少年的社会工作服务。政府不把社会工作服务的责任推给社会，但也不排斥社会对社会工作的参与，在组织上采取了社会福利署与社会服务联会“官民合办”的形式；在经费上采取了政府为主、民间为辅的形式；在政策制定上采取了政府职能部门专业操作与民间机构的咨询参谋结合的形式等。比如香港青年协会是属于非政府组织，它运作的经费70%来自社会福利署、康乐文化事务署、劳工处的津贴。而像香港新一代青年协会、香港青年联会这样的组织属于民间团体，其工作的主要经费来源于社会捐助和活动收入。

2. 服务内容实用化

香港青少年社会工作紧紧围绕青少年的生存和发展问题，创新服务的内容和手段，一切从青少年的需要出发，工作中务求实效。这个服务思路与香港的社会工作专业教育相关。作为一门实践性很强的学科，香港的社会工作教育非常注重培养具有实干精神、德才兼备的社会工作者。对社会工作者的教育并不仅仅是只限于传授专业理论，更重要的是使他们掌握实务经验，使社会工作者们能够将理论和实践很好地结合起来。在香港，青少年社会工作者工作时主要考虑的是服务对象的长远利益和人生发展、生存技能。对于青少年的社会工作服务在内容上包括文教、卫生、医疗、保健、体育、娱乐、社区、家庭服务、职业辅导、婚姻服务、青少年权益保护等；涵盖了增进青少年健全发展和保障青少年福利的各项措施，协助他们处理成长过程中的难题的诸多措施，促进发展潜能等。例如香港游乐场协会，其工作服务职能非常多而且实用，内容直接指导青少年如何选择社会职业，成为对社会有用之人，该机构的青年就业培训具有涉及领域广、实用性强、专业性强、操作性强、针对性也强的特点，培训内容都是围绕引导青少年如何健康成长，如何创业，如何掌握基本的生存技能等方面设置。

3. 服务方法个别化

正如世界上没有完全相同的两片树叶，每一名青少年都是一个独特的个体，尽管问题相同，但原因可能千差万别。因此香港青少年社会工作者们在工作过程中特别注重个性化的工作方法。例如，青少年社工们侧重个案辅导工作方法的运用，强调根据每个青少年的不同需要，制订可行的治疗计划和目标，采用有针对性的介入方法。前面介绍的外展社会工作服务，就是社工们通过深入街头巷尾，公园，娱乐场所，与青少年进行直接的沟通交流，针对其情况，然后解决问题。还有就是在香港的学校社会工作服务中，社工们不仅注重青少年的个性发展、人际关系等常见问题，也十分关注他们的个人实际问题，如吸毒、网络成瘾、有组织犯罪影响等，注重引导他们思考如何成长，如何创业，如何掌握基本的生存技能等问题。

第三节 香港青少年社会工作的工作理念和内容

一、工作理念

香港青少年社会工作服务有两个核心的工作理念，一是服务整合的——综合提供全面服务的理念，主要是以全人、综合的服务模式照顾青少年各方面以及不断变化的需求，在社会福利署的统一管理下，灵活地调配人手以及其他资源，提供一站式的服务，减少服务资源的分散，并避免资源重复用于同一人身上。二是多层次服务，跨界别合作的理念，强调从青少年的生理、心理等各个层面提供全方位的服务，并且注重政府各部门之间、政府与社会组织之间的合作，共同为青少年提供所需的服务。

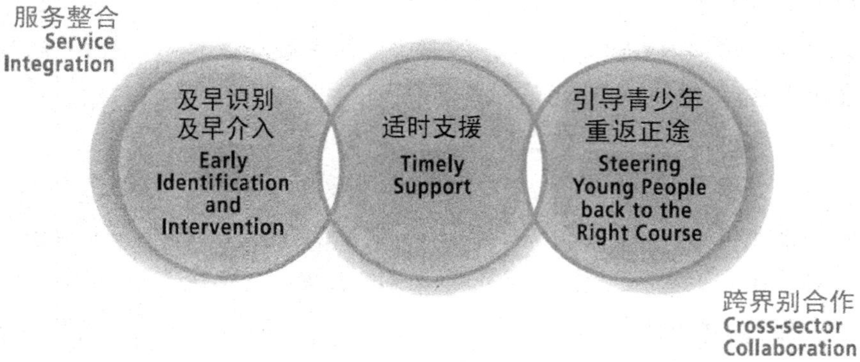

图 6－2　香港青少年社会工作服务工作理念

资料来源：香港社会福利署. 促进新一代健康成长（2006 年修订版），第 3 页。

二、工作内容

香港青少年社会工作涉及的领域广泛，工作方式多种多样，提供的主要服务内容如下：

1. 综合青少年服务中心

综合青少年服务中心专为区内 6 岁至 24 岁的儿童及青少年提供全面的服务，其核心活动包括指导及辅导、为身处不利环境的青少年提供的支援服务、社群化服务及培养社会责任和发展个人潜能的活动等。为了协助儿童及青少年善用余暇，综合青少年服务中心亦提供一些非核心活动，如偶尔到服务、兴趣小组、青少年暑假活动及温习室服务等。

2. 学校社会工作服务

学校社会工作服务为配合“一校一社工”政策而推行的学校社会工作服务，为每间中学提供一名全职驻校社工，目的是找出那些在学业、社交和情绪发展上有困难的学生，帮助他们解决问题。

3. 课余托管计划

课余托管计划提供支援性质的服务，对象是年龄介乎 6 岁至 12 岁的儿童，他们的父母因外出工作或其他原因，而未能在课余时间为他们提供适当的照顾。所提供的服务包括功课辅导、膳食服务、家长辅导及教育、技能学习和其他社交活动。需要指出的是课余托管中心以自负盈亏及收费的模式运作。为了加强妇女及家庭照顾者自力更生的能力，社署在计划下为有需要的低收入家庭及综合社会保障援助的受助人提供豁免全费或减免半费资助。申请者可直接向有关中心提出申请。

4. 地区青少年外展社会工作服务

地区青少年外展社会工作队通过外展服务手法，接触那些通常不大会参与传统的社交或青少年活动，并且容易受不良影响的青少年，为他们提供辅导和指引。服务对象为年龄介乎 6 岁至 24 岁的儿童及青少年。这项服务有助于照顾高危青少年的需要和处理童党问题。特别需要说明的是外展服务工作中的分支——深宵外展服务。由各专业社会工作服务机构社工开展的青少年深宵外展服务，主要是通过外展服务手法，在全港各区接触那些可能受不良影响的高危夜游青少年，为他们提供必要的支持和援助。

5. 青年热线服务

由香港青年协会提供的热线服务（27778899），旨在通过电话接触，即时为处于高危情况的青少年提供辅导。热线为求助者提供的服务包括电话辅导、即时介入的面谈辅导以及转介求助者至其他合适的服务单位等。

6. 地区青少年发展资助计划

地区青少年发展资助计划的服务对象是区内处于不利环境的 0 岁至 24 岁儿童及青少年，目的是照顾他们的成长需要。计划的一部分资源会根据儿童及青少年的个别项目开支，以直接现金援助形式发放，旨在照顾贫困儿童及青少年的成长需要；而另一部分资源则用于资助推行地区发展计划及支付有关计划的活动开支。

7. 引导青少年重返正途

主要是通过社区支援服务计划来实施。社区支援服务计划为接受警司警诫的儿童及青少年提供服务，目的是协助他们重新融入主流教育或重投工作，以及降低他们再触犯法例的机会。这项计划的服务范围包括个人和家庭辅导、治疗小组、技能训练或教育小组、历奇活动，以及康乐和社区服务。为了结合各种服务以产生更大效益，每支社区支援服务队均附设于综合青少年服务中心内。

8. 戒毒治疗及康复服务

（1）滥用精神药物者辅导中心

滥用精神药物者辅导中心旨在为惯性/间歇/有潜在危机吸食危害精神毒品人士和边缘青少年提供辅导和协助，让他们戒除毒瘾和建立健康的生活模式。这些辅导中心提供的服务包括：为吸食危害精神毒品人士提供个案和小组辅导，为他们的家人提供辅导服务，为中学生和社区人士定期举办预防教育活动，为相关专业人员提供专业培训，以及为有需要人士提供实地医疗支援服务。

（2）住院戒毒治疗及康复中心和中途宿舍

住院戒毒治疗及康复中心是专为那些寻求自愿住院治疗和康复服务，以重新融入社会的吸毒人士而设。中心亦设有中途宿舍及离院续顾服务，让吸毒人士接受持续康复治疗；透过一连串的训练，协助吸毒人士戒除毒瘾、在行为上作出积极改变、确立人生新方向及重新融入社会。

（3）为吸食毒品人士、戒毒康复人士及其家人而设的中心

香港明爱乐协会现在正经营着的两间中心，为吸食毒品人士、戒毒康复人士及其家人提供辅导和协助。这些中心旨在协助吸食毒品人士戒除毒瘾，协助戒毒康复人士保持操守，以及协助吸食毒品人士及戒毒康复人士的家人处理因吸食毒品而衍生的问题。这些中心亦会为各类服务对象举办禁毒教育及宣传活动。

9. 活动工作员职位

为加强对 15 岁至 29 岁青少年的就业支援，香港特区行政长官

在2007年至2008年施政报告中宣布提供3000个名为活动工作员的新设临时职位，为期3年由2008年至2009年起至2010年至2011年止。新设的活动工作员职位旨在协助青少年获取工作经验，以便日后能够在劳动市场找到工作，达到公开就业的目标。为进一步向青年人提供工作体验机会，有关职位将延长至2012年3月。

10. 边缘青少年社会工作服务

“边缘青少年”，在香港主要是指24岁以下（15－19岁居多）没有工作，虽然选修了一些课程，但是每周上课时间很短，由于家庭、学校及社会等客观因素与自身的主观因素无法达到和谐而在行为上产生偏差的青少年。这些青少年的行为远离主流社会，在活动方式、行为方式、生活习惯、价值观念等方面与现行主流社会均有不同甚至截然相悖，部分青少年为了逃避社会、学校、家庭以及自身发展等压力不愿回家，而流连在街头、社区、公园或各种娱乐场周围等人群聚集地，即使是深夜也三五成群地在街头聊天、玩耍，或上游戏室、桌球室等娱乐场所，有些也会寻衅滋事。港澳的特殊社会环境如黑社会的趁机介入使得局面变得更加复杂，从而引发一系列青少年犯罪案件①。基于此，香港社会福利署联合多政府部门在专业社会工作服务机构支持下，通过地区青少年外展社会工作服务、青少年深宵外展服务、社区支援服务计划、青年热线服务、为接受警司警诫的青少年召开家庭会议以及边缘青少年服务委员会等工作为这些边缘青少年提供服务，促进发展，降低犯罪。特别需要说明的是边缘青少年服务委员会，这个委员会成立于1993年，是一个促进跨专业、跨界别与及政策局/部门之间协调与合作的渠道，以改善及加强青少年服务。委员会定期举行会议，讨论当前有关青少年的事项，建议有效的措施以回应青少年不断转变及多方面的需要，并加强政策及服务运作层面上的衔接。委员会由社会福利署署长担任主席，委员会代表分别来自劳工及福利局、保安局、民政事务局、

---

① 文秋林. 香港“边青”工作对我们青少年工作的启示和思考〔J〕. 中国青年研究，2006（7）：26－28.

教育局、香港警务处、卫生署、社会福利署、禁毒常务委员会、家庭与学校合作事宜委员会、专上学院、教育界及非政府机构。

11. “共创成长路”——赛马会青少年培育计划

为了促进青少年的全人发展，香港赛马会慈善信托基金于2004年拨款4亿港元，与研究小组、社会福利署及教育局（前身为教育统筹局）协办为期四年的“共创成长路”——赛马会青少年培育计划。该项计划旨在培养、提高青少年的社交能力、与健康成人和益友的联系、亲社会规范、参与公益活动、认知能力、采取行动能力、情绪控制和表达能力、自我效能感、分辨是非能力、明确及正面的身份、对正面行为的认同、建立目标和抉择能力、自决能力、抗逆能力、心灵质素等15项能力。自2005/2006学年，此计划已在全港200多所中学推行，受惠学生人数高达107000人。于2006/2007学年开始，此计划亦推展至特殊学校。研究小组由香港5所大学著名学者组成，以香港理工大学为首（在2009年6月30日或之前则由香港中文大学为首），过去数年已发展出一套以实证为本、持续及全面的青少年正面发展活动教材，并为此计划完成多项评估研究。至今，所有的评估结果一致显示，不同身份的人（包括学生、老师及社工）均对本计划持正面的观感，并认为第一层及第二层培育活动能促进参加者的正面成长。本计划在国际上亦受肯定。研究小组除了主办国际性研讨会及于多份国际期刊发表研究结果外，更在香港境外（例如上海及新加坡）作试点推行。由于此计划深获各方的支持，计划成效亦得到多项评估研究的肯定，香港赛马会慈善信托基金决定于2008/2009学年计划完成后继续拨款，推行另一阶段为期三年的“共创成长路”——赛马会青少年培育计划，让参与学校进一步巩固此计划的教学经验，并积极鼓励学校把第一层培育活动纳入初中学校课程内，以协助青少年健康成长。

三、典型的青少年社会工作服务

1. 外展社会工作服务

从20世纪70年代开始，香港青少年犯罪问题开始出现严重化的趋势。为应对这一社会问题，青少年外展社会工作服务应时而生。1979年6月，《青少年个人辅导程序计划》发表，香港正式以“外展”这个概念来推行工作。当时的社会福利署成立了外展工作中央指导委员会，香港社会服务联会也成立了外展服务协调委员会，负责外展服务的协调工作。外展青少年社会工作是以队际形式在所选的社区内为流连于街头而有服务需要的青少年或者群党提供的辅导服务，主要任务是对流连街上的青少年实行离散工作计划，以达到降低及防止6岁至24岁边缘青少年的反社会及犯罪行为之目标。该行动的主旨包括：为有特别需要的青少年在教育、职业、家庭及朋辈关系方面，提供指导及辅导服务。并在必要时提供转介服务；教导青少年免受不良引诱及协助他们发挥潜能；提高社区关注妨碍青少年健康成长的问题，并寻求社区资源，协助他们消除障碍。

外展行动的对象主要是四类青少年群体：一是受不良影响的青少年团伙，往往和黑社会关系密切或受其控制；二是经常单独在外游荡的青少年；三是与家庭关系差及经常离家出走的青少年；四是因接触不良团伙已经辍学或有退学可能的青少年。这些青少年往往自信心不足、孤僻、反社会、抽烟、喝酒、讲粗话、无所事事，是社区中让人担心的另类。

青少年社工们的外展工作过程大致要经历五个阶段：第一阶段是熟悉所负责区域的环境。可能需要花上两周或更长时间作“社区观察”，了解整个地区的地理环境、居住环境、社区社会和经济背景、社区设施、康乐设施、青少年集结地点、活动情况、次文化特色、与黑社会关系，等等，对潜在可能成为案例的青少年进行大致估计，并通过有关方面了解该地区“边缘青少年”团伙、黑社会的有关资料和情况，在整个过程大致结束后，写出地区观察报告，并形成工作计划。第二阶段是与“边缘青少年”进行初步接触。第一次与“边缘青少年”接触，外展社工会根据青少年所在的不同地点，采取不同的方法。通过种种接触，外展社工必须强化对工作对象的记忆，记住“边缘青少年”的外表特征、绰号，记住他们在小组的角色，记住他们曾说的话题，甚至想办法让他们主动说出自己的名字，这样，外展社工就可以进入个案工作。这一阶段对外展社工的考验非常大，他们可能面临青少年不愿与他们答话，态度冷淡或者离开，或者无法了解他的进一步情况，会经常出现失败或者沮丧的感觉。第三阶段是与“边缘青少年”建立社交关系。进一步了解和熟悉青少年，认定他们的需要和问题。对于小组或“边缘青少年”团伙，外展社工要了解小组或团伙的整体结构和权力布局，为下一阶段对团伙进行分化进行铺垫。外展社工会以一种普通朋友的身份介入到“边缘青少年”的生活中，结识他们的朋友，和他们一起聊天、打游戏机、郊游、进行体育活动，等等。通过不断的熟悉，希望孩子们把自己当成朋友。第四阶段是与“边缘青少年”建立帮助关系。在这一阶段，外展社工逐步成为“边缘青少年”的良师益友，在他们遇到问题和困难的时候，会主动寻求外展社工帮助，外展社工将与其共同设计改进目前处境的计划和方法，然后一起实施这项计划。第五阶段是整个个案完成后，对实施情况进行总结评估。经过30多年的不断探索和完善，外展行动已经成为香港青少年辅导帮教工作的一大品牌，得到了社会广泛的认同和尊敬，被青少年普遍接受，有效地改善了“边缘青少年”的反社会行为及受不良朋辈影响的程度。

2. 学校社会工作服务

香港的学校社会工作服务首先在1971年由福利界以试验计划形式在本港推行。1979年发表的《香港社会福利白皮书——进入八十年代的社会福利》，以及1991年发表的《跨越九十年代香港社会福利白皮书》，都充分确认学校社会工作服务有助青少年的成长。

自学校社会工作服务推行后，港英当局曾于1986年、1990年及1996年进行了三次主要检讨。1999年4月最新发表的《学校社会工作服务检讨报告书》，更建议制定一套全面的综合专业指引，以确保学校社工、学生辅导组和其他个案工作者之间有清楚的分工。根据这项建议，当局于1999年10月成立学校社会工作服务综合专业指引工作小组负责草拟工作，该小组成员有社会福利署、教育界等人士参与。该指引为学校社工及其他为中学生服务的相关专业人员而设，旨在令彼此间的合作更为调协。指引详列学校社会工作服务细则，学校社工与校内教职员、校外个案服务单位、社区服务和其他服务学生的专业人士间的分工。指引也提供成立协调机制及厘定工作程序的资料，以加强学校社工与其他专业人员的合作。

香港学校社会工作服务的对象为现正就读于全日制学校的中学生。服务的目的在协助那些在学业、社交及情绪上有问题的学生，解决个人问题，充分利用学习机会及为成年做好准备。整体的工作目标为：协助学生充分发展潜能，达致身心健康成长，接受适当教育，建立和谐的人际关系以及引导他们关心社会；协助学生解决个人、家庭、人际关系或学业问题；以及加强学生、家庭、学校与社区之间的联系，具有预防、发展及补救三个功能。

根据“一校一社工”的政策，香港每间中学会获派一名全职的学校社工。学校社工是一个在学校特设专责处理学生福利事宜的职位。学校社工提供驻校社会工作服务，而部分活动需于校外或非上课时间进行。这些工作可分为两个范畴：一是与个案、小组及活动有关的专业工作，包括家访、办公室面谈、个案会议、为学生及家长而设的户外活动、需要机构文书人员支持的活动筹备工作，以及与家长教师会及其他社区服务的社工举行工作会议等。二是与行政、专业分享及培训有关的工作，包括专业咨询和临床督导、更新个案、小组及活动记录、参加职员会议和在职进修。为确保能提供优质的服务及机构与学校间的良好协调/管理，学校社工应与校长/校方管理层协定一切校外职务的安排。最终学校社工应以满足学生需要为首要的任务。

在服务过程中，学校社工首要关注是学生，并将其家庭视为一个不可分割的体系来提供服务，主要的角色是辅导者、咨询者、统筹者和社区及社会教育工作者。因为相信每个学生都是独特的个体，因此社工们通过提供不同种类的服务，以符合学生的需要。采取的工作方法包括：个案服务——透过辅导，运用社区福利服务或转介个案予其他专业，帮助学生克服影响他们在学业及个人发展的情绪、行为及人际关系等问题；小组及活动——帮助学生加深自我认识，发展个人潜能，建立正面的社会价值观及积极人生态度；咨询服务——协助学校教职员、学生及家长寻求响应学生需要的方法，又在学校会议，包括家长教师会、与学生有关的委员会及教师会议，提供专业意见；协调和推动社区资源——加强学校与社区之间的联系，让学生及其家人得以受惠。

香港学校社会工作做得比较规范的一项工作是及时根据社工的表现，对社工以及社工机构进行评估。其中为评价服务学校社会工作服务的表现，专门制定了评估指标，包括三个项目：服务质素标准；服务量标准；基本服务规定。主要由社会福利署及非政府机构的社工提供。学校社工从所属机构获得专业支持，并向所属机构交代。这些营办单位的直属主管，须负责监察学校社工提供服务的质量，并与校长定期接触，以便协调、规划和评估服务。受资助机构及社会福利署的学校社会工作单位的服务表现都受服务表现监察制度的监察。该制度要求服务单位每季提交服务量的统计报告，以及每年就是否符合服务质素标准及基本服务规定提交自我评估报告。社会福利署的服务表现事务组负责执行服务表现监察制度，除了分析及审核营办机构提交的报告，也会每三年就服务质素标准、服务量标准及基本服务规定三方面对营办机构进行社会福利署评估（这项评估会在全面推行服务表现监察制度后开始实行）。此外，需要说明的是，香港学校社会工作体现了跨界合作的理想的具体实践。社工在开展工作过程中与学校教职员、教育署人员、家庭成员、司法界、其他社工等是一种合作关系。这种合作关系能够更好地为学生提供全方位综合的支持与辅导。

3. 青年空间

香港“青年空间”隶属于香港青年协会. 成立于1960年，既是一个服务部门，也是一个服务内容。其经济来源主要是政府津贴、香港公益资金和赛马会慈善信托基金的赞助。青年空间致力于迎合社会不断改变的需要，为香港青少年提供多类型、多元化的服务，培养青少年均衡发展，使其更具建设性能力。青年空间按照一定区域设立，目前全港共有22所不同类型的青年空间，其中包括13个综合服务中心、5个儿童及青少年中心和4个青年中心。在香港，35岁以下的儿童和青少年以及他们的父母都可以加入当地的青年空间，成为会员。

青年空间所发挥的作用主要体现在以下两个方面：一是为青少年提供学习交流的空间。这是青年空间最基本的服务。青年空间面对区内所有的青少年，为他们在校外学习交流搭建了平台。在这里，青少年可以阅读书籍、自习功课、上网查阅资料，可以上语、数、英辅导班，可以进行体育锻炼，可以学习艺术表演，可以参加定期的联谊活动。二是为青少年提供成长就业的空间。近年来，香港就业不足率继续上升。为解决青年就业问题，香港各青年空间都设立了升学、就业支援站，向年轻人提供就业市场的最新资讯，介绍不同教育及培训，以帮助他们作出明智决定。同时，青年空间给予青年人就业知识辅导，提升他们的就业能力。如荃湾青年空间让青年人以试验形式短期经营水吧、美容院，培养唱片DJ等。青年空间还尽量安排青年人到商行或公司实习，让他们在青年干事的紧密督导下，培养良好的工作习惯和态度。由于升学就业支援站的工作得到了香港青年的热烈响应。青年协会于2002年10月设立了青年就业网，整合了全香港青年空间的资源，主要工作一是尝试联系就业单位，协助毕业生和离校生正确评估自己的兴趣和能力，以计划自己的工作前途，并帮助他们改善就业能力；二是给予青年人支持和训练，让他们评估自己的强项和弱点，并争取学习机会，实现自己的职业计划；三是为青年干事提供在职培训，更新就业辅导的知识和技巧。香港青年空间取得的成功经验包括建立健全网络、强调服务整合、面对社区，形成特色、体现增能理念等。近几年来，香港青年空间正在加强与内地的合作，在成都等地协助成立了类似的青年空间等机构，将香港青少年社会工作的一些经验引入内地。

第四节　香港青少年社会工作的评述及发展趋势

香港青少年社会工作服务机构及青少年社工服务中心能够与时俱进，及时调整和创新工作手法。一是在工作手法上，从单一的个人化介入发展到兼顾社会层面群体性的综合服务。在 20 世纪 90 年代，香港社工就提出，除了关心个人层面问题的解决之外，还要积极推动社会环境的改善，对青少年群体倡导建立正确的人生观和价值观；这样才能有效及彻底地协助青少年健康成长。因此，香港青少年社会服务工作走上了青少年综合服务的模式。二是在机构运作上，大胆尝试拓展一些服务与经营相结合的项目。经过 30 多年的专业化发展，香港青少年社会工作逐渐形成了自己的特色。

首先是社会工作服务的专业化水平高。在香港的社会福利及青少年社会工作服务的发展历程里，专业社会工作服务机构的成立和发展均与当时的社会发展的需要息息相关。在一个以中国人为主体的社会里，却又与西方的文化和知识交会着。香港的专业社会工作服务机构吸收欧美国家经科研和实践的工作模式和方法，于这个富有中国人传统文化的社会里进行本土化，成功地为香港社会建立了一个达到国际专业水平的服务网络，并开创出一系列适应本土的社会工作服务项目和模式，为香港社会的持续发展作出了很大的贡献。

其次是专业社会工作服务机构运作规范。香港青协、协青社等专业社会工作服务机构在合法地位的建立、机构管治、财政来源和交代机制上的运作十分成熟规范。这些专业社会工作服务机构都有机构章程、会员大会、理事会及委员会、申报利益制度、年报及审计等制度。非政府机构一般采用发表机构年报、向有关政府部门及主要的基金会提交审计报告，同时还向公众表明来年就社会趋势及青少年需要所提供的服务计划，并同时交代在过去一年，机构所提供服务的达标情况。

最后是以青少年需求开展服务。香港青少年社会工作服务机构对青少年开展服务因类、因时制宜。根据群体不同需求开展服务，主流青少年服务是以中心服务、辅导服务、外展服务及家长服务为主。随着香港经济社会发展变化，青少年服务的内容日趋多元化，培训青年成为未来领袖、扶助青年就业、推动青年成为义工回馈社会，以及回应全球化及互联网普及而发展网上服务和青年交流活动等，都成为青少年社会工作服务的核心项目。

近年来，由于政府对青少年服务机构化投入有所压缩，为了保证机构在运作上的可持续发展，很多机构都在尝试改变服务的模式。一方面开展优质服务的评比，提高服务质量；另一方面，大力发展服务网络（会员），与企业合作，向会员提供更多元化的服务，如青协等机构正在如此实施；此外，拓展一些营利性的服务项目，如出国游学、留学等服务，如游乐场协会等机构就这么做。这些改变，把社会利益与经济效益有机地结合起来，收到了很好的效果，也是未来香港青少年社会工作发展的趋势。

第七章 香港残疾人康复工作

香港的残疾人，一般被称为“弱能人士”，是指在心理、生理、人体结构上，某种组织、功能丧失或者不正常，全部或者部分丧失以正常方式从事某种活动能力的人。残疾人包括视力残疾、听力残疾、言语残疾、肢体残疾、智力残疾、精神残疾、多重残疾和其他残疾的人①。残疾人康复工作，指的是围绕残疾个人、家庭、群体以及相关的社会组织和社区开展的专业性助人活动，根本目的是增强残疾人的社会功能，具体目标是通过处理残疾人心理社会方面的问题，帮助残疾人克服在康复、教育、就业、婚姻家庭生活、社会权益、文化生活和环境方面的障碍，让残疾人把损伤带来的能力丧失的影响降到最低程度，更好地发挥潜能，有机会充分参与社会生活，共享社会物质文化成果。

国家和社会在保障残疾人基本物质生活需要的基础上，为残疾人在生活、工作、教育、医疗和康复等方面提供了设施、条件和服务。作为香港社会的弱势社群，香港政府在残疾人福利服务方面做了大量的工作，在残疾人康复工作上形成了一套完整的工作体系，协助残疾人士尽量发展体能、智能及适应社群生活的能力，鼓励他们融入社会，从而享有与其他人一样的平等权利，为残疾人能过正常的生活及尽展所长，为社会作出贡献提供了便利。

---

① 全国人大常委会. 中华人民共和国残疾人保障法，1990，第二条.

第一节 香港残疾人群体的现状

一、残疾人群体

根据香港特区政府统计处2007—2008年的统计，香港的残疾人目前估计有361300人（智障人士除外）。

表7－1 香港残疾人人口统计①

残疾类别	人数	占香港总人口百分比（%）
身体活动能力受限制	187800	2.7
视觉有困难	122600	1.8
听觉有困难	92900	1.3
精神病	86600	1.3
言语能力有困难	28400	0.4
自闭症	3800	0.1
特殊学习困难	9900	0.1
注意力不足/过度活跃症	5500	0.1
总计	361300	5.2

对于智障人士，香港特区政府统计处在调查过程中也有搜集有关居住于院舍及家庭住户的智障人士的资料。然而，有明确显示，根据统计调查结果得出的居住于家庭住户的智障人士数目有低估的情况。因此，该报告书内有关智障人士的统计调查结果的分析，与其他残疾类别人士的分析分开处理。根据粗略的统计评估，全港智障人士的总数可能为6.7万人至8.7万人左右，即占香港总人口比例的1.0%－1.3%。

目前香港并没有器官残障人士的统计数据，但该调查估计约有115.27万人表示需要长期（即持续最少6个月的时间）接受药物治疗、复诊或打针服药，也就是“长期病患者”，占香港总人口的16.7%。

① 数据出自香港政府统计处．第四十八号报告书：残疾人士及长期病患者，2008－12：56－58．

二、残疾人的需求及问题

作为一个特殊的弱势群体，香港残疾人的需求及问题有很多，表 7 – 2 是按照年龄段来划分的残疾人需求与问题。

表 7 – 2　残疾人的需要及问题

人生阶段	需求	可能遇到的主要问题
0 – 3 岁	1. 稳定情绪的需求 2. 得到父母的接纳 3. 需要得到父母对待孩子的正确方法 4. 需要得到和了解外部资源	1. 父母不接受残疾孩子 2. 父母不知道该怎样对待和帮助残疾孩子 3. 父母过度保护残疾孩子
3 – 6 岁	1. 掌握沟通技巧的需求 2. 改善生存环境的需求 3. 接触社会的需求 4. 接受早期康复的需求	1. 沟通障碍 2. 缺乏社会接触 3. 意外伤害
6 – 12 岁	1. 接受学校教育、适应学校环境的需求 2. 建立各种社会关系的需求 3. 身份认同的需求 4. 危机处理的需求	1. 受教育障碍 2. 学校适应困难 3. 难以接纳身体形象 4. 意外伤害
12 – 18 岁	1. 独立生活的需求 2. 完成父母角色转变的需求 3. 接受角色文化和残疾角色的需求 4. 接受性别角色教育的需求 5. 协助危机处理的需求	1. 脱离父母，建立个人身份 2. 无法接受残疾身份，特别是这一阶段致残的孩子 3. 缺乏角色榜样 4. 性别角色上的困惑 5. 意外伤残
年轻成人期	1. 了解、发展残疾文化的需求 2. 接受职业教育或者高等教育的需求 3. 了解恋爱、生殖、亲子教育的需求 4. 就业的需求 5. 社区参与的需求 6. 协助危机处理的需求	1. 继续教育障碍 2. 恋爱、婚姻障碍 3. 生儿育女困惑 4. 就业压力 5. 意外伤残
中年期	1. 婚姻家庭和谐以及亲子教育的需求 2. 缓解情绪、压力的需求 3. 发展残疾文化的需求 4. 协助危机处理的需求	1. 婚姻冲突 2. 亲子冲突 3. 工作压力 4. 自我实现 5. 意外伤残
老年期	1. 获得社会支持 2. 获得家庭康复、社区康复的需求 3. 改善生活环境的需求	1. 多重残疾 2. 社会隔离 3. 各种丧失

资料来源：根据香港社会福利署、康复咨询委员会、复康会、扶康会等资料整理。

需要说明的是，残疾人可以分为先天残疾和后天致残两个原因，在康复服务实务过程中，相对于先天残疾，后天致残因为服务对象接受程度、心理承受能力等因素，他们的康复服务工作介入更加困难。

第二节 香港残疾人康复工作的发展历史、现状与特征

一、发展历史

香港残疾人康复服务工作是伴随着香港社会福利发展进程开始的。“二战”前，港英当局以人口流动性太大，大部分华人无意久居香港为借口，拒绝为本地居民提供任何社会服务。第二次世界大战以后的香港百业凋零，由于大批新移民的到来，又使香港的人口急剧增加，贫困、就业、住房、犯罪等社会问题十分严重。在社会团体的推动下，香港开始采用社会工作的方式来解决这些社会问题。针对身心障碍的残疾人士康复的专业社会工作服务开始出现。进入20世纪70年代，香港的经济逐步起飞，经济的繁荣为加快社会保障体系的建立和社会福利事业的发展创造了条件，残疾人康复也进入了系统化发展时期。港英政府在80年代大力开展了服务热线和专业社会工作服务机构的建设。进入90年代后，伴随着香港社会工作界提出的“发展全面照顾，提供优质服务”宗旨，专业的残疾人康复服务工作开始走上了发展的快车道。

1997年7月1日，香港回归祖国怀抱，香港的残疾人康复服务也进入了一个新的历史发展时期。回归后香港特区政府制定了一系列新的条例和政策，大力推进香港残疾人康复服务的全面发展和改革，在强调社会福利署、卫生署等政府部门责任的同时，更加密切地与面向参加人服务的专业社会工作服务机构合作，多部门合作的理念注重为残疾人提供综合、全面、完整的服务。香港残疾人康复

服务的发展历经非政府机构扮演先锋角色、政府与民间携手以及福利机构打破门户界限三个过程，逐渐由依赖施予的救济活动，发展到拥有专业和多元化的残疾人康复服务系统。

二、现状分析

当前香港的残疾人服务，已经与发展初期不可同日而语。政府和专业的民间残疾人社会工作服务机构提供的残疾人康复服务已经涵盖了残疾人士的各种需求。

1. 残疾人康复服务的目标

香港残疾人康复服务的目标是协助残疾人士尽量发展体能、智能及适应社群生活的能力，鼓励他们融入社会，从而享有与其他人一样的平等权利。

2. 残疾人康复服务的对象与理念

在香港，残疾人康复服务的对象不仅是需要得到康复的残疾人，而且还包括残疾人的家人及亲友或市民大众。从残疾人社区康复服务的措施折射出，残疾人社区康复服务的理念是残疾人接受康复服务的一项基本公民权利，残疾人士通过康复服务，能够过正常的生活，从而尽展所长为社会作出贡献。

3. 残疾人康复服务的措施

在香港，残疾人康复服务主要服务项目有：残疾幼儿日间暂托服务、残疾人士地区支持中心、四肢瘫痪病人过渡期护理支持中心、专职家居训练及支持服务、日间社区康复中心、严重残疾人士日间照顾服务、残疾人士社交及康乐中心、残疾人士家长/亲属资源中心、社区精神健康联网、精神健康综合社区中心、残疾人士自助组织、社区复康网络、残疾人士社区支持计划、中途宿舍续顾服务、视障人士康复及训练中心、为视觉受损人士而设的传达及信息服务、听觉受损人士综合服务中心、健乐会、中央辅助医疗服务课、收容所、中央辅助心理服务课、地区言语治疗服务、住宿暂顾服务、紧急安置服务等。这些全面细致的康复服务项目为协助残疾人士尽量发展体能、智能及适应社群生活的能力提供了全面的帮助。而且每项服务项目措施和目标也很具体，残疾人康复服务对应不同残疾人的不同需求，服务具有针对性与持续性。

康复是为了融入社会，在社会工作中尽自己的一份力量。为此，香港残疾人康复服务中很重要的一项任务就是为残疾人提供就业保障服务。在香港，残疾人就业服务主要由庇护工场、辅助就业、综合职业康复服务中心、综合职业训练中心、残疾人士在职培训计划及“阳光路上”培训计划、“创业展才能”计划为残疾人提供。服务内容不仅为残疾人提供就业机会，而且还为残疾人提供职业康复、就业训练、就业见习、就业选配、在职试用和就业后跟进服务等，旨在培养残疾人的就业能力。残疾人就业保障不仅有综援计划，为残疾人提供援助救济，还有自力更生支持计划等，为残疾人提供寻找全职工作的就业援助服务等。这些项目从公民权利出发，协助残疾人士克服自身缺陷，培养就业能力，帮助他们融入社会，从而享有与常人一样的平等权利。

三、香港残疾人康复工作的特点

通过借鉴西方发达国家和地区的工作经验，结合香港本土化实际，经过多年的发展，香港已建立了完善的残疾人康复福利服务制度体系和工作架构。香港残疾人康复工作具有以下几个特点：

1. 立足于帮助残疾人的发展和回归社会

香港残疾人康复工作主要是以康复服务、训练为主，以提升残疾人生活、经济自立能力为工作重点。香港残疾人康复机构认为，残疾人的康复工作，就是对残疾人提供生活训练（包括心理支持、家居及社区生活能力与技巧等方面培训）和职业培训等服务。比如在以“社群式治疗法”为模式、由职员24小时轮值的中途宿舍——利民会翠华之家，为入住残疾人提供的与社会上相似的群居生活环境，机构的注册社工、复康工作员、护士等职员耐心细致地对他们进行个别辅导、生活技能训练和培养按时服药的习惯等，培养提高他们的社会生存能力。

2. 政府与民间合作紧密，管理有序

香港特区政府非常注重与民间专业社工服务机构的合作，为它们提供政策和资金支持，在向残疾人康复机构直接或间接投资的同时，也会对它们提出工作要求，重视服务的质量评估，通过间接的、经济的手段对残疾人康复机构进行管理。政府推行的“资源增值计划”、“强积金”制度及社会福利署的“一笔过拨款”等措施，正在变革着政府对残疾人康复机构的投资。同时，为控制成本，保证高效的投入产出，政府不给出现年度赤字的专业残疾人社会工作服务机构增拨资金；而在它们出现盈余时，以收回未使用拨款的形式予以收缴，这是香港政府对非谋利性社会服务机构进行管理的一个独特之处。

3. 注重构建社会支持网络

拓展服务网络，倡导自助与互助，是香港残疾人康复的主要工作思路。根据社会支持理论，网络指的是由某个残疾人康复服务机构中的若干分支机构及其训练基地、活动中心所组成的一个联系和服务残疾人及其家属的网络系统。这个网络系统把多家残疾人康复服务机构中具有相同服务内容的若干服务单位、训练基地、活动中心联结起来，以发挥网络的服务功能。此外，专业社会工作者们在残疾人康复服务过程中，注重残疾人和家庭之间的自助和互助。

4. 康复机构和工作人员的服务规范，成效显著

作为政府资助的残疾人康复服务机构，必须不断做出成绩，才能得到政府资助，才能得到社会承认，也才能得以生存和发展，因此机构管理者们积极制定相关政策，努力提升服务水平，并加强对所属各服务单位的督导，运用取得的社会资源为残疾人提供优质服务。

第三节 香港残疾人康复工作的运作模式

残疾人是特性突出、特别需要帮助的社会弱势群体。香港残疾人康复服务工作既体现了政府的责任，也体现出了社会和家庭的参与，形成了具有香港特色的残疾人康复工作运作模式。

一、香港残疾人康复工作实施主体

在香港，负责残疾人康复工作的实施主体主要有香港政府及相关部门、专业社会工作服务机构、社区、家庭、社工等。

1. 政府

香港特区政府在残障人士救助事业中实际上扮演着公益福利事业资源的供给者和管理者的角色，社会福利署是分管残障人士群体相关具体事务的政府部门。香港特区政府的社会福利署，其主要职能是实施宏观管理。香港特区政府在残疾人康复服务工作中发挥的作用主要包括：政府作为经济援助的提供者，对残障人士提供直接和间接的经济援助；政府通过相关法律法规对救助工作进行指导和管理，并对提供福利服务的非营利民间组织提供资金上的支持；定期组织其他部门对社会福利署等直接管理部门的工作进行检查、考核，并提出合理化的针对性意见，以促进康复服务事业的不断发展；不仅间接支持非政府组织为残障人士服务，而且自身也直接营办各种服务机构或直接通过某些政府部门为残障人士提供服务。如劳工处的展能就业科就为残障人士及雇主提供免费的职业介绍及招聘服务等。

2. 专业社会工作服务机构（非政府组织）

在香港，专业社会工作服务机构（非政府组织）是香港残疾人康复服务工作的主力军。香港共有专业社会工作服务机构（非政府组织）200 多个，其中接受政府资助的有 170 多个，承担了绝大多数的针对残障人士的康复服务工作。香港有3200多个各类福利服务单位，其中政府直接管理的有360多个，非政府福利机构管理的有2900多个，还有少数私人开办的福利服务机构。这些非政府组织根据不同残疾类型和残疾程度的残障人士的特殊的需求，为他们提供了各种各样的相应服务①。

3. 社区力量

社区是残疾人社会生活的主要空间，也是社会资源的主要聚集地。社区力量成为残疾人康复工作的一个重要力量。在香港，社会福利署为残疾人提供持续的人性化的社区支持服务。社会福利署推行一系列社区为本支持计划，旨在提升照顾者的照顾能力，以减轻他们的负担和改善残疾人士及其家人的生活质量。这个计划人性化色彩比较浓，不仅考虑了不同时间的残疾人服务问题、不同残疾人的个性发展问题，如计划包括假期照顾服务、家居照顾服务、严重残疾人士日间照顾服务及个人发展计划。还针对残疾人士不同需要制订了相应的支持计划，包括为自闭症人士及有行为问题的残疾人士而设计的支持计划。此外，香港人性化的社区支持还体现在社区精神健康联网方面。社区精神健康联网为精神病康复者及其家人在社区内提供额外照顾和支持，包括外展探访、与地区资源建立网络和提供实质服务等。

4. 家庭

家庭是残疾人最重要的生活场域和支持力量，作为在生活中同残障人士联系最为密切的一级单位，它所提供的支持是最为全面、细致入微的，不仅包括经济支持、训练帮助、日常照顾等，还包括情感、交流等非正式的社会支持。在香港，家庭这一首属群体也是香港残疾人康复工作的重要力量。由于香港居民的生活水平较高及香港的政府和非政府组织提供了种类繁多的救助和照顾服务措施，如社会福利署直接或透过拨款资助非政府机构，为残疾人士提供了

① 数据出自香港社会福利署网站，www. swd. gov. hk。

比较全面的社会康复服务、就业/业务拓展机会服务、住宿服务等，残疾人家庭的经济和精神负担相对较轻。

5. 社工和义工

香港的社工和义工是香港残疾人康复工作的一支重要主体力量。专业社会工作者秉持其助人自助的专业理念和方法，是残疾人康复服务的重要实施主体，提供的服务包括心理辅导，训练和恢复计划的制订，组织相关活动等，而且能够作为联结者的角色为残疾人和其所在的社会环境建立良好的联结，帮助其构建完整的社会支持网络。香港除了有很多职业社工之外，还有大量的非职业的义务工作者投身到残疾人康复服务工作中。义工们经常到专业社工服务机构中策划和筹办康乐活动，陪同残疾人士参与户内或户外活动以及陪同他们去医院就诊，并且在残疾人获得安排就业期间也会伴随在他们身边帮助他们解决所遇到的问题。

二、香港残疾人康复工作运作模式和工作理念

（一）运作模式

经过几十年的发展，香港残疾人康复工作的运作模式主要实行政府统筹资助、社会广泛参与、民间承担服务的管理体制，政府实行管大放小、管少放多的“小政府大社会”工作思路，除了少数由政府承办的残疾人康复服务之外，残疾人康复服务工作绝大部分由民间专业社会工作服务机构承担。也就是说，政府向民间购买服务，以有效满足残疾人康复服务的需求。这种运作模式既能使政府始终处于主导地位，又能调动社会各界关心和参与对残疾人的康复服务工作。

在这种运作模式下，香港特区政府一方面给予民间专业社会工作服务机构以充分的资金支持，以保证残疾人康复工作的有效开展，另一方面又对民间专业社会工作服务机构建立了一套完善而有效的监督制度，通过对其进行监督确保了社会支持资金使用的安全和效

益。香港特区政府对民间专业社会工作服务机构的监督工作环节主要包括：香港社会福利署按服务对象数量核定所有受资助单位的人员编制和工资标准，同时规定了每个岗位的任职条件，以确保服务质量；服务单位接受服务对象，要经过政府相应机构的审查批准；受资助单位按季度和年度向社会福利署送交财务报表，其全年账目要经过审计；社会福利署每年派出专门人员到受资助单位探访检查，并负责写出评估报告，据此决定是否继续资助；社会福利署派人参加非政府福利机构的顾问局，并在其中担任重要角色，以加强沟通和监督。

（二）工作理念

1. 全面康复

这一工作理念认为，残疾人不仅在生理上，而且在心理上都难以及时地进行或者恢复积极的生活，其中包括机体形态上的严重损毁，如失去整条肢体、神经系统障碍、精神上受到挫折等。这些病人要摆脱不幸，必须有一个合适的全面康复过程。残疾人的全面康复通常是在有各类专家组成的综合康复中心完成的。在全面康复的过程中，常常采用治疗性锻炼、职业疗法、理疗、心理治疗、整形外科手术等康复治疗与训练的同时，通过以职业为方向的部门，为伤残人士安排适当未来生活。

2. 社区康复

以社区康复为基础的有利于残疾人克服伤残给他们带来的生理与心理影响，并且也为伤残者提供一个重新回归社会、融入社会的过渡阶段。这一康复理念、康复模式所持的价值观念认为，任何伤残者本人、他们的家属都是隶属于某一个社区的，而且与专门机构所提供的环境相比，他们所生活的社区所提供的熟悉环境更有利于其康复治疗。因为以社区为基础的康复治疗不仅可以有效地整合社区内的资源（如社区内的非正式人力资源，即残疾人的亲朋好友、邻居等），而且康复治疗与服务能够同卫生、教育、培训、就业等普通社会服务相结合。这个过程通常是需要具有丰富专业知识和技术的专业人员来培训和指导本地区的康复管理人员，并对伤残人员进行初级治疗或确定是否需要转诊或接受专门治疗；组织流动“康复队”作为康复对象的当地顾问并进行随访；动员并辅导伤残人员的家属、亲朋好友、邻居等人员担当训练残疾人员的工作；承担某些特定病人的双重治疗工作。

3. 医疗康复

这一理念认为在医疗过程的最早阶段要考虑医疗康复，而且在病人病情许可的情况下尽早开始，通过物理治疗、职业治疗和言语治疗的方法，以加速自然的再生过程，并防止或减轻后遗症。对于那些形态或功能损毁的伤残者，医疗康复必须着重促进代偿机制形成所需的一切生理过程。因为传统的“静态疗法”往往使病人长期处于不活动状态，从而可能加重伤残程度。香港现在已经把医疗康复同医疗服务的基本组织密切结合在一起，并已证明应当改革传统治疗方法，使其包括有利于早期康复的各种基本因素。

4. 社会性康复

社会性康复的理念认为每个社会成员都有权享受社会文明发展所带来的一切利益，社会不能因残疾人的生理残疾等因素就将他们排斥在正常社会生活环境之外。因此，社会康复的任务旨在为伤残职工创造适当的社会环境，使他们能有机会重新回归社会、参与社会、融入社会，积极成为社会真正的一员。社会性康复通常为残疾人员作出某些技术性安排，如设置残疾人专用通道；组织伤残职工参加其力所能及的各类社会公益事业；提供各项服务工作，如照顾住院期间不能自理的病人、帮助安排残疾人家属生活、安排残疾人上下班的专用交通工具等。

5. 职业性康复

职业性康复理念认为残疾人的康复除了减轻生理的痛苦外，还需要帮助伤残者恢复失去的信心，提高工作的耐力（适应性），同时提供职业咨询与指导，将严重伤残人员安排到保护性工厂或帮助其成为家庭工人，这样就能够帮助其融入社会。职业康复机构通常都会在全面了解伤残者的剩余工作能力（职业能力评估）的基础上，开设定向性课程，对伤残人员进行职业康复服务。

三、典型的残疾人康复服务

香港的残疾人康复服务工作已经形成了一个完整高效的运作体系，积累了丰富的康复服务工作经验，涌现出了一批优秀的服务机构，下面选取几个方面来介绍一下。

（一）学前训练

残疾人康复服务之一的学前训练，目标是为初生至6岁的残疾儿童或可能成为残疾的儿童，提供有助身心发展和提升社交能力的早期介入服务，从而提高他们入读普通学校和参与日常活动的机会，并协助家庭应付其特别需要。

香港特区政府为有需要的儿童提供全面的学前服务主要内容，包括：

1. 早期教育及训练中心。为初生至2岁的残疾儿童，以及那些年龄介乎2岁至6岁而需接受这项服务的残疾儿童或正在轮候特殊幼儿中心服务的残疾儿童提供服务。服务的目标是透过提供支持和协助，帮助家长接纳、了解、照顾和训练残疾儿童，从而尽量提升他们的发展功能。

2. 特殊幼儿中心。为年龄介乎2岁至6岁的中度和严重残疾儿童提供服务。服务旨在发展这些儿童的基本体能和智力、感官机能、认知、沟通、社交和自我照顾的能力，以协助他们由学前教育顺利过渡至小学教育。有些特殊幼儿中心亦设有住宿设施，照顾那些无家可归、被遗弃，又或居住或家庭环境恶劣的残疾儿童的需要。

3. 幼儿园暨幼儿中心兼收弱能儿童计划。为年龄介乎于2岁至6岁的轻度残疾儿童提供训练和照顾，协助他们尽量融入正常的学前环境，使他们日后有更大的机会融入主流教育。

4. 为自闭症的儿童而设的特别服务，包括在特殊幼儿中心提供额外的特殊幼儿工作员，为患有自闭症的儿童提供密集式的个别或小组训练。

5. 职业治疗、物理治疗和言语治疗能加强残疾儿童在日常生活中的独立能力，以及纠正身体上的障碍和防止健康情况恶化。现在，“早期教育及训练中心”和“特殊幼儿中心”都有提供职业治疗、物理治疗和言语治疗服务，至于“幼儿园暨幼儿中心兼收弱能儿童计划”，则由社会福利署的中央辅助医疗服务课负责提供职业治疗和物理治疗服务；而言语治疗服务，则由地区言语治疗服务队提供。

6. 驻机构或社会福利署的临床心理学家负责为早期教育及训练中心、特殊幼儿中心和幼儿园暨幼儿中心兼收弱能儿童计划，提供临床心理服务，包括评估残疾儿童的心智功能，以及制定各类训练课程，借以激发这类儿童，使其情绪及行为获得正常发展。

7. 家长/亲属资源中心。为残疾儿童的亲属提供各类支持服务。

8. 残疾幼儿暂托服务为家长和照顾者提供一个安全的地方暂时照顾他们的残疾幼儿，以便他们能抽空处理个人要务。

9. 儿童健乐会为残疾儿童提供社交及康乐活动，协助他们融入社群。

10. 听障学前儿童的支持及教育服务，包括获免费分发助听器及跟进服务、家长辅导和专业咨询服务。

（二）住宿照顾

住宿照顾是香港政府在住宿服务方面让未能独立生活及无法由家人给予充分照顾的残疾人士获得合适的住宿照顾和所需的训练和支持，以提高他们的生活质量，并培养他们的独立生活能力。此外，特殊学校的宿舍服务可方便有长期住宿需要的残疾学童接受学校教育。

现在特区政府致力推行下列的具体措施以达到上述政策目标：

1. 为未有能力于社区中独立生活的15岁或以上严重/中度智障人士和严重肢体伤残人士提供各类型宿舍服务。除住宿和膳食服务外，亦会为宿友提供日常生活技能训练和社交康乐活动，而严重智障/肢体伤残人士宿舍更为宿友提供护理服务。

2. 为不适合从一般日间训练服务中受惠的15岁或以上严重智障/肢体伤残人士提供护理院服务。除住宿、膳食和护理服务外，亦会为宿友提供全面起居照顾、生活技能训练、物理治疗、职业治疗和社交康乐活动。

3. 为15岁或以上，有能力过半独立生活的残疾人士提供家庭式的住宿服务。在日常生活上提供包括处理家务和日常事务的辅导和协助，从而培养入住者在独立生活、社交和沟通方面的能力，以及让宿友与家人及社区保持联系。

4. 为15岁及以上的精神病康复者提供过渡时期的中途宿舍服务。除住宿和膳食外，中途宿舍亦会提供所需的训练和辅导，协助他们与家人重新建立关系，以帮助他们重新融入社区。

5. 为15岁及以上已出院的长期精神病患者提供长期护理院服务，目的是透过长期住宿照顾和深入的生活辅助服务，使宿友能进一步掌握融入社区生活所需的技能。

6. 为健康欠佳，或在肢体/精神方面有残疾的60岁或以上视障或严重低视能人士提供盲人护理安老院服务。服务包括住宿、膳食、起居照顾、护理、疗养，以及定期举办活动，以满足宿友的社交和康乐需要。

7. 为那些不能从家庭获得适当照顾而年龄介乎6岁至18岁的轻度智障儿童提供儿童之家服务，使他们在近似家庭的环境中接受住宿照顾，直至他们可返回自己家中或找到另一处长期居所。

8. 为15岁或以上贫困和无家可归的残疾人士提供临时紧急安置服务，以免他们因缺乏及时容身之所和基本照顾而陷于困境。

9. 根据香港法例第213章《保护儿童及青少年条例》的规定，为8岁至18岁以下（如属受社会福利署署长监护的残疾儿童，则可达21岁）残疾儿童及青少年提供收容所以保障他们的安全。收容所会为入住的儿童和青少年提供临时住宿照顾和各项技能训练服务。

10. 为特殊学校学童，包括听障、视障、肢体伤残、中度及严重智障学童，提供宿舍服务，以照顾他们的长期住宿需要及方便他们在上课日接受学校教育。

（三）日间照顾和社区支持服务

香港政府在提供日间照顾和社区支持服务方面，是要为残疾人士提供所需的训练和支持，协助他们发展潜能，增强他们独立生活的能力，让他们能继续在家中生活，全面融入社群。这些服务亦旨在提升照顾者的照顾能力和减轻他们的负担，从而改善残疾人士及其照顾者的生活质素。

现在特区政府致力推行下列的具体措施以达到上述政策目标：

1. 展能中心为15岁或以上、未能参与职业训练或庇护工作的严重智障人士提供日间照顾和训练，使他们在日常生活上更加独立，并为他们做好准备，让他们更全面融入社会，或视乎需要转往其他形式的服务或照顾。展能中心提供的训练包括自我照顾、社交和人际技巧，以及简单工作技巧等。

2. 精神病康复者训练及活动中心为改善精神病康复者的社会适应能力而设，目的是协助他们在日常生活上更加独立，以及发展社交技巧和职业技能。每间中心均附设一所交谊中心，举行各类社交和有意义的休闲活动。

3. 为视障人士提供全面的复康及训练服务，以培养他们的独立生活技能和帮助他们重拾自信，重投社会。内容包括定向行走、沟通技能及家务料理技能训练、社交技巧和社区生活教育等。

4. 为视障人士而设的图书馆服务提供阅读辅助器材，以及录音或点字书籍/杂志/激光唱碟，以满足他们在学习和康乐方面的需要。

5. 为听障人士而设的综合服务中心，提供个案工作和辅导服务、手语翻译服务、耳模配制和修理服务，以及听觉矫正和言语治疗服务。

6. 家居训练及支持服务提供家居、中心或社区为本的训练和活动，使残疾人士可以更独立应付日常和社交生活。家居训练及支持服务亦为各类残疾人士及其家人提供职业治疗服务和网络支持。

7. 专职家居训练及支持服务队为严重残疾人士提供专业支持服务。除为服务使用者提供短期及深入治疗或康复运动外，亦协助残疾人士克服日常家居中遇到的适应问题，以提升他们的生活质量。

8. 由非政府机构提供的职业治疗服务，为展能中心、庇护工场和综合职业康复服务中心的残疾人士提供职业治疗、意见和协助，以帮助他们克服在日常生活中遇到的困难，并因应其残疾程度，尽量发挥他们的潜能。

9. 由个别机构提供的临床心理服务为有发展障碍的人士提供心理辅助服务。临床心理学家会就有关训练和处理有挑战行为的服务对象的问题，向康复服务单位的职员提供专业意见和咨询服务。此外亦会为家长/（照顾者）提供培训课程，以协助服务对象尽快康复。

10. 中央心理辅助服务（成人服务）为并未设有以机构为本的临床心理学家服务的康复服务单位如展能中心、庇护工场及宿舍的职员，提供到访心理辅导服务和专业支持。

11. 中央辅助医疗服务为展能中心、庇护工场/综合职业康复服务中心提供职业治疗专业咨询和支持服务，及直接为自闭症患者提供职业治疗，以改善他们在行为、沟通、独立生活和社交等各方面的能力和技巧。此外，中央辅助医疗服务亦为展能中心提供物理治疗方面的咨询服务。

12. 社区支持计划提供假期照顾、家居暂顾、严重残疾人士日间照顾、家居照顾、个人发展计划、自闭症人士及有挑战行为的智障人士特别支持计划、新失明人士支持计划、家居康复训练和儿童健乐会等服务，服务的目的是为残疾人士提供照顾及支持服务，并加强残疾人士的照顾者的照顾能力，减轻他们的负担，从而改善残疾人士及其家属的生活质素。

13. 残疾人士社交及康乐中心为残疾人士组织不同种类的活动，以满足他们的社交、康乐及发展需要，协助他们融入社区。

14. 家长/（亲属）资源中心为残疾人士的家人提供各类支持服务。

15. 设于各区的中途宿舍或训练及活动中心的社区精神健康联网服务，为精神病康复者及其家人/照顾者在社区内提供更多照顾和支持。有关服务以地区为本，包括实质服务（如膳食、洗衣、沐浴设施等）、探访、就业咨询、辅导、联系地区资源、社交、康乐及教育服务、支持家人/照顾者的活动，以及公众教育计划。

16. 社区精神健康照顾服务透过外展探访及各项支持服务，协助刚离开医院的精神病康复者及刚离开中途宿舍的舍友能在社区得到持续支持，解决所遇到的适应问题，从而重新融入社区。社区精神健康照顾服务亦会为未有日间服务安排的中途宿舍舍友提供一站式的职业康复服务，以协助他们发展和维持社交及经济活动能力。

（四）自助组织的建设

香港政府在推动残疾人士自助组织的建设方面，是要发挥残疾人士与其家人/照顾者的自助和互助精神，以及鼓励残疾人士和自助组织积极参与制定康复政策和服务，以确保所规划的服务切合残疾人士的特别需要。

自助组织是指由个别人士组成的团体，其共同目标是促进成员本身的福祉和利益。借着分享经验和交换信息以克服同类问题，组织成员之间便会产生一种团结精神。自助组织不仅为残疾人士及其家人/照顾者提供社区支持服务及社交、教育和休闲活动，还可促进他们的助人自助精神。在提升“社会资本”及推动义工运动方面，自助组织也扮演着非常重要的角色。透过研讨会、传播媒介和各项社会运动，自助组织为残疾人士建立起一个积极的形象，并促进他们的权益。如残疾情况妨碍到残疾人士发表意见和争取权益，其家长或亲属可以组织起来，代表他们争取利益。社会福利署一直在为自助组织的发展提供财政支持和专业的意见。目前已有超过70个自助团体登记在该署经常联络的名单上。有关自助团体的残疾类别包括肢体伤残、视障、听障、精神病、智障、长期病患、工伤及职业病、自闭症及学习困难等。而且社会福利署针对自助组织的财政支持计划始自2001年。财政支持以两年为期并依据所建议的计划作出拨款予自助组织。自2001年计划开始至今，已有近百个残疾人士自助组织获得财政支持，为会员提供相关服务。

（五）公众教育

香港特区政府在康复服务公众教育方面，是要提供全面的公众教育计划，让市民知道残疾人士的权利、需要和贡献。这些计划旨在改变人们的态度，以期达致全面参与和平等机会这这两个康复政策的主要目标。

自香港政府于1995年发表《康复政策及服务白皮书——平等齐参与，展能创新天》以来，市民对残疾人士的权利、需要和贡献的认识和接纳程度已有显著的提升。香港的残疾人士无论在各个工作范畴、各项社会事务，以至体育和文化艺术活动方面的积极参与都能取得不错的成绩，并得到市民广泛的认可。

目前特区政府致力推行下列的具体措施以达到上述政策目标：

1. 康复咨询委员会辖下的公众教育小组委员会每年制定合适的主题，以统筹各项康复服务公众教育计划的推展。

2. 劳工及福利局每年拨款给非政府机构、地区组织和政府部门举办康复服务公众教育计划，以加深市民对残疾人士的接纳和了解。

3. 劳工及福利局每年与各政府部门、非政府机构和地区组织合办“精神健康月”，从而提高市民对精神健康的认识、促使他们接纳精神病患者，以及鼓励精神病康复者融入社群。

4. 香港复康联会联同各非政府机构、地区组织和政府部门举办一年一度庆祝“国际复康日”的活动，以此宣扬“伤健一家”的精神。

5. 公民教育委员会拨款资助各非政府机构、地区组织和政府部门举办提倡平等机会的公众教育计划。

6. 平等机会委员会举办不同类型的宣传和公众教育活动，传递平等机会讯息。

7. 平等机会委员会透过“平等机会社会参与资助计划”鼓励地区组织举办活动，以推广平等机会，消除基于残疾、性别、婚姻状况、怀孕和家庭岗位而产生的歧视。

8. 社会福利署举办各项地区性和全港性的公众教育计划和宣传活动，鼓励市民积极协助残疾人士融入社会。

9. 透过民政事务总署的统筹和香港赛马会的拨款，香港社会服务联会与属下会员机构筹办青少年暑期活动，从而促进健全和残疾青少年互相了解，并让残疾人士参与服务社会的活动。

10. 在2006年12月举办“国际共融艺术节”，让伤健人士透过合作和艺术经验的交流，培养共融文化，建设一个更包容关爱的城市。

（六）专业社会工作服务机构介绍

1. 香港扶康会

扶康会是在香港多个助残组织的不断拓展和完善的基础上，于1978年根据香港公司法正式注册的。经过近25年的努力，目前已发展成为具有丰富经验、为弱智人士提供多种形式服务的民间社会福利组织，现有800多名工作人员和一支志愿者队伍。他们的服务宗旨是：专门为15岁以上的轻度、中度、重度弱智人士和不同年龄的部分精神残疾人提供全方位的康复训练与服务。扶康会提供的服务大体分为以下几种模式：一是康复中心。它是香港目前最大的康复机构，设有9个服务单位，主要包括中途宿舍、成人训练中心、日间训练中心暨宿舍和庇护工场等，可同时分别为240个肢体伤残人和270个中度、重度智障及精神残疾人提供日间和住宿康复服务。

二是中途宿舍，主要是为弱智人士和精神病康复者提供治疗、康复，由注册社工、护士、康复工作人员提供24小时住宿照顾及服务，包括：药物治疗及复诊、就业咨询及培训、社交及独立生活训练、康乐及教育、家长联系等活动，帮助他们重返社区生活，融入社会。三是成人训练中心暨宿舍。主要为中度或极重度弱智人提供住宿和起居生活照顾，维持他们的健康状况，包括功能的改善，基本的自理生活能力训练，感知、认知训练，情感交流训练，社会交往以及简单职前技能训练等，工作人员和服务对象的比例一般为1∶1。四是家舍/宿舍。家舍/宿舍，也叫复康家庭。可收纳7－8位弱智人士，有“家母”和“兄长”，配有2－3名义务工作者协助工作。他们与弱智人士组成一个家庭。他们早上外出工作或到展能中心接受训练，晚上回到家舍，享受温馨的家庭生活。五是庇护工场。石围角庇护工场，也叫成人技能训练中心，主要是为一些未能在一般工作场所就业的弱智、精神病人士提供就业和职业技能训练及社会交往能力的训练。

2. 香港盲人辅导会

香港盲人辅导会为政府资助机构，自1956年成立以来，致力为视障人士提供广泛而全面性的教育，除了康复、职业训练、就业、医疗、住宿、社交及康乐服务外，还开办眼科理疗、低视能训练与助视器验配服务、辅助仪器训练及咨询服务、视障长者住宿照顾以及视障兼智障人士展能训练服务，等等，以提高视障、智障人的生活质量。进入20世纪90年代，香港盲人辅导积极打开与中国残疾人联合会、教育部、民政部、卫生部及全国妇联沟通之门，为内地视障人士康复服务提供专业支援，包括全国盲人定向行走导师培训、全国盲校教师培训，并开展了盲童教育资源中心及流动眼科手术车往内地偏远地区为贫困白内障患者提供高素质的复明手术服务等。

3. 香港复康会

成立于1959年，是一家由香港著名骨科医生，有“香港复康之父”之称的方心让爵士所创办的非营利性慈善机构。成立以来，复康会本着“锐意成为无障碍交通、持续照顾及全人康复的卓越机构”机构宗旨，以通过为残疾人士及长者提供复康服务，倡议共融社会的工作理念，为香港残疾人提供无障碍交通及旅游、教育及倡议、适健及复康支援、职前培训、持续照顾等服务。

4. 香港残疾人奥委会暨伤残人士体育协会

该会是“香港伤残人士体育协会”，于1972年由方心让教授及一群热心的复康工作者领导下组成。目的是有系统地组织、筹划及推广残疾人士体育运动，使残疾人士能体会运动的乐趣、促进身心健康，甄选及培育有潜质的运动员参加海外国际比赛，为港增光。在2005年，更名为香港残疾人奥委会暨伤残人士体育协会，是香港唯一获国际残疾人奥委会认可为本地残疾人士奥运委员会，负责选派香港代表队运动员参加残疾人士奥运会及各项国际残疾人奥委会认可的世界及地区性赛事。

5. 工业伤亡权益会（简称工权会）

该会是一个由工伤者、职业病患者及职业意外死者家属组成的非营利性团体。在20世纪六七十年代，香港的工业、制造业等行业发展起飞，很多工人牺牲了自己的健康甚至生命，然而法律对这些职业伤病者及家属的保障非常不足。因此，在一群关注职业伤病者权益和职业安全健康的义工的支持下，该会于1981年成立，致力为职业伤病受害人提供各种支持服务，提升香港职安健水平。现在该会主要的工作是与工伤者、职业病患者及职业意外死者家属并肩争取应有权益；促进政府改善职业安全健康水平，保障工人生命安全；向市民推广职业安全健康意识和信息，协助预防意外发生。工权会为香港公益金及香港社会服务联会的会员机构，并已开展了多元化支持服务，会员人数逾4000千人，经费主要来自社会人士的捐献、社会福利署、公益金等的资助。

6. 职业训练局观塘技能训练中心

观塘技能训练中心系香港职业训练局下辖的三所专门为残疾人提供职业训练以增加残疾人的就业机会的机构之一。它主要针对年满15岁以上的残疾人服务，让他们在模拟的工商业环境中学习技能，以便日后公开就业或继续进修。训练中心采用“就业技能单元化”的训练方法，将各类职业技能细分若干课程单元，按照学员的接受能力由浅入深、循序渐进地教导，做到因材施教。技能训练中心主要有职业评估服务、职业训练服务、职业辅导服务等三个服务环节。

第四节　香港残疾人康复工作的评价和未来展望

倡导社会文明进步，是全社会关爱残疾人的重要基础。香港市民助残、尊残意识较强，各机构都能自觉执行和遵守法规政策，对残疾人的优惠和照顾体现在各种场合。比如无障碍设施已普及于各类公共场所，汽车、地铁内的残疾人专用座位，没人占用；各残疾人服务机构的服务工作指南，也都以广告单张的形式，散布于公共场所，让残疾人及其家属能随时得到帮助；各新闻媒体对扶残义举的报道宣传，也有效地推进了社会的文明与进步。这种良好的残疾人康复环境，与香港政府和社会的高投入和政社合作的运作模式分不开。

香港的残疾人康复工作有其自身的优势和特点，总体来说，包括以下几个方面：

1. 工作理念先进

人性化、科学化、专业化、规范化的服务理念是做好残疾人康复工作的关键。香港扶康会服务机构有明确的服务标准，基本的准则就是使残疾人及其家庭满意。各个服务机构都有充足的人力、物力资源，有物理治疗师、注册社工、心理治疗师等专业人员。他们视家长为重要的资源而不是单纯的监督者，因为有了政府和家长的双重监督，服务质量就有了基本保证。另外，各服务机构的开办都要遵守政府规定的相应服务标准，从开办到运行、检查都有相应的规章制度，每个机构的服务人员都有明确的岗位职责，服务规范化的特点十分显著，基本做到了根据残疾人的需求提供相应的服务。

2. 政府定位合理

从香港残疾人康复工作来看，政府的角色就是作为间接供给者，为社会机构提供资助或为服务对象提供补贴，而后由独立的社会机构提供服务。政府用于福利服务的资金不因为角色的转变而减少，但是在使用方式上有所变化，不再像过去那样把钱用于建设机构，而是用来建立新的资助和补贴制度。合理配套的资源支持是办好服务机构的基础。香港政府每年拿出近1亿港币，分别下拨每个中心（每年/每人平均10万港元）。除此之外，各中心的经费来源还有公益金等。香港的残疾人康复服务组织受政府所属的社会福利署直接领导，社会福利署主要的工作是提供宏观管理和合理配套的资源支持，如，颁布行业服务规范和具体标准，负责残疾程度的鉴定和发放相应的生活扶助金，审批有关手续，确定各个康复机构的编制（包括人员津贴）。同时，民营机构有非常大的自主经营权。

3. 服务标准和评估体系清晰、可行

政府建立起了一整套的残疾人康复服务行业标准，为相关的服务机构提供标准，并对残疾人康复服务机构进行监督，保障残疾人的合法权益。香港残疾人康复服务机构的监督机制主要由政府、组织内部、家庭监护人和社会等各方面组成，以统一的服务理念和不同的评估视角去审视这些服务机构。各个机构每年都要递交年报，并随时检讨自己的服务质量。至于评估标准主要是各机构依据社会福利署颁布的“服务质素标准及准则”自行制定的服务准则，不同类型的服务机构的评估细则不同，但基本的服务理念和依据是一致的。“服务质素标准及准则”中主要涉及资料的提供、服务管理、对使用者的服务、尊重使用者的权利等四大领域，这些标准既保护了残疾人合法权益，又体现了香港残疾人康复服务的先进理念。

当然，香港残疾人康复工作也存在着一些问题，比如专业的残疾人康复工作人员不足提供的服务不能满足正在逐渐上升的残疾人群体需求，残疾人康复所需的资金、设施等也存在着缺口，不同部门组织之间的合作还有待改进等。根据香港康复计划检讨工作小组制订的《香港康复计划方案》，其中阐述了未来香港的残疾人康复社会工作的策略：一是推广跨界别和政府部门协作，来为残疾人士提供无障碍的环境和多元化的服务，以协助他们融入社群，二是加强残疾人士和他们的照顾者的能力，让他们成为能贡献社会的资本，三是制定适宜的政策以应付残疾人口老化和精神病患者数目持续增加的需要，四是康复服务应从全人发展和全人照顾的角度出发，五是加入科学研究为预防残疾的策略性方向。相信在这一工作策略的指引下，香港的残疾人康复工作一定能进入一个新的发展阶段。

第八章　香港慈善与宗教社会服务

早在第二次世界大战之前香港已有慈善性社会服务的出现。回顾历史，我们不难发现慈善与宗教机构曾经担当了一个举足轻重的角色。

第一节　香港慈善与宗教社会服务的缘起及其发展背景

一、香港慈善与宗教社会服务

长期以来，宗教社会服务和慈善事业是宗教参与并影响社会的主要途径之一，也是当代宗教社会性的重要体现。在西方，宗教社会服务的英语是“Faith - based social services ”、“Church - based social services”、“Congregation - based social services”，即基于信仰的社会服务。与政府和企业提供的社会服务不同，宗教社会服务往往与宗教组织相关联，提供服务的主体是教会或者与宗教有关联的组织（包括教堂、教会、与教会和信仰有关的非营利组织、受到教会资助的服务组织等）。服务主体是与信仰有关的，但是其提供的服务内容可能是与信仰有关的，也可能是与信仰无关的，并且服务的提供不局限于有此信仰的服务对象①。尽管“宗教社会服务”在西方国家被广泛应用，但是就“宗教社会服务”的定义问题，并没有一个官方的或者是公认的界定。以往学者对 FBO 概念的界定专注于如何使这个概念准确而又具有综合性，从本书的视角出发，对宗教社会服务组织作出以下界定：宗教社会服务组织是与单纯的宗教组织相区别，但是直接或间接与宗教相联系，并具有社会服务提供功能的组织。

主流宗教都有关心社会、关爱他人以及提供服务的一面，在香港通常称这些工作为社会服务，在中文的描述中，也有称这类工作为“慈善”、“慈惠”、“公益”等②。基督教在香港提供社会福利服务有悠久的历史，香港的宗教社会服务也以基督教社会服务为主。从 19 世纪开始，香港基督教成立专门机构推行最基本的社会福利工作，20 世纪教会致力推行社会服务，并逐步走向专业化和正规化。早在 1897 年，德国教会开办心光盲人院，1901 年创立基督教青年会，1902 年创立女青年会。1936 年开办的教会服务中心（Social Service Centre of the Churches）提供家庭服务、个案服务、物质支持等服务，这个机构是香港社会服务联会的前身。

二、香港慈善组织社会服务的发展背景

香港慈善组织的发展轨迹划分为三个阶段：早期——政府不干预，资金主要依靠本土和海外的募捐，中期——政府开始明确承担福利责任，后期——慈善组织逐渐成熟并与政府形成伙伴关系。

第二次世界大战以前慈善救济工作很大程度上依赖于教会，教会向本地以及海外募捐得到的善款成为资金的主要来源。回顾历史，

---

① Fredrica D. Kramer; Demetra Smith Nightingale; John Trutko ; Shayne Spaulding; Burt S. Barnow. Faith – Based Organizations Providing Employment and Training Services: A Preliminary Exploration. Distributed by ERIC Clearinghouse, 2002, p38.

② 吴水丽．香港基督教的社会服务〔J〕．社会创业家，第 50 期，2012 – 6 – 20：41 – 42.

我们不难发现基督教教会曾经担起一个举足轻重的角色。在战后初期的香港，当时的经济还未起飞，政府能够用来进行福利服务的资源也十分有限。可是，数以百万计需要救助的难民，却极需要获取生活物资的援助。基于此，香港的基督教教会取得由欧、美、澳等国家之教会以及相关慈善团体的支持，运来了万吨计的物资以解决不少难民的燃眉之急。于是，基督教教会能够在香港社会福利上占有重要的地位，原因是战后香港居民生活在异常匮乏的环境之下，而教会能为他们提供所需的协助。因此，香港在开埠早期已经有了社会福利的概念，这也成就了日后社会服务的快速发展。

早在1850年年初，圣公会已经在香港设立了孤儿院，这是后来“圣基道儿童院”的前身。香港在当时仍是一个人口不断流动的社会，居住的人多数是由于内地动荡或找寻生计而来到香港的；在国情恢复安稳的时候，人们也就返回自己的乡下结婚生子。这些属于短暂居留的一群，在人口动荡之时，为社会留下了不少孤儿。圣公会留意到社会上有此需要，也就设立了孤儿院去收容没法独立生存的儿童。到了1935年，已故的圣公会何明华会督创办了圣公会圣基道儿童院。最初，儿童院主要是收容当时社会上的孤儿，到后来为了配合香港的社会福利政策以及住院服务的新概念，由1993年开始，在香港、九龙、新界各区前后成立了共24间“儿童之家”，为来自破碎家庭的儿童及青少年提供住宿的照顾和服务。

现时，圣基道儿童院已经发展为多元化的儿童服务机构，更是全港拥有最多儿童之家服务名额的非政府机构。机构的使命仍然是致力让儿童能够在健康的环境下成长，帮助他们发展个人潜能，从而拥有丰富人生。今天，机构提供的服务内容包括：儿童住宿服务（儿童之家及寄养服务）、学前教育、儿童健康发展综合服务、新来港及低收入人士服务及临床心理辅导服务。

由19世纪到抗日战争之前，香港社会也面临有关安葬、娼妓和蓄婢的问题。社会中出现了许多不同需要的群体，例如孤儿、寡妇、身体有缺陷的人，等等。当时，已经有不少华人自发的民间组织，去承担救济和关怀这些弱势社群的责任，例如广福义祠（1851 年）、东华医院（1872 年）、保良局（1878 年）以及不同的乡亲组织。除了这些广为人知的华人组织外，基督教教会也成为其中主要的一员，积极响应社会中的需要。那时期所开办的服务组织，一般可分为针对特殊教育，以及关怀社会需要这两个类别。

直到 20 世纪 70 年代，香港社会福利出现转折。1967 年香港政府为了稳定社会而决定锐意革新；1972 年政府即着力推出稳定社会的四大支柱，包括教育、公共房屋、医疗，以及社会福利。当时，香港工业发展迅速，经济收入的增加也间接为政府提供了发展服务的资源。

在经济急速发展中，香港政府获得大量由交税而来的收入。虽然政府期望在福利服务上大展拳脚，但却又缺乏开展福利事业的组织和专业人员。这刚好便促成了一个需要互相补足的情况：基督教福利机构一方需要资金，而政府一方则需要协助提供服务的伙伴，两者一拍即合，基督教福利机构的角色也开始了新的拓展。

此外，当时世界潮流对福利的看法也起了变化。人们开始认为，以往那种以慈惠观念作为福利事业的基础，并不能够真正地解决民困。赠送物资的救济行动，也只可以短暂地帮助困乏者的需要，而帮助他们能够自力救济，才是更长远的做法。基督教教会也就放弃举行那些大型救济式的活动，转向集中资源投向新的服务。由于政府的福利服务尚处于刚刚开展的阶段，自然会有未被注意的空间可供开拓。为了弥补政府福利服务的不足，基督教教会也开始尝试协助一些较少被人关注的群体。

当然，不是所有非政府开办的福利机构都是由基督教教会来承担，但是粗略估计，也占了一半以上。由 20 世纪 80 年代初到现在，政府拨给非政府机构的款项，一直都维持高速增长，由 80 年代初的数亿元，到近几年平均超过 70 亿元。也因此，现在基督教福利机构从政府得到的资源，也比战后二三十年从外国捐募得来的更多。

到了今天，基督教福利机构除了接受政府的拨款之外，也同时努力自筹经费，服务社区。至于所开办的社会服务，不论是以数量或种类来计算，自然较以往更庞大、更多元化。这一方面显示了服务的接触层面比以往更加深入，以纵横社会不同的阶层以及不同年龄组别之人士；另一方面，也因为社会的问题越发复杂，所提供的社会服务自然也走向专业化之路。

第二节 香港慈善与宗教社会服务的发展特点

基督教1841年开始传入香港，基督教参与社会福利事业是香港基督教发展的特点，香港基督教在社会服务方面发挥的积极作用是历史原因、神学背景和现实需要共同塑造的结果。综观基督教社会服务的发展历程，大体可分为三个阶段，每个阶段又呈现出不同的特点。

一、香港慈善与宗教社会服务发展初期的特征

1841年到20世纪60年代是基督教参与社会服务的发展初期，香港在开埠初期，基督教社会服务以慈善救济为主要任务，当时作为殖民地的香港并没有建立起完善的社会福利体系，尽管管辖者英国是社会福利高度发达的国家，但是殖民地政府并没有关注民众所需要的服务，这一时期民众的需求要依靠民间组织以及民间团体去解决，教会组织以及其他民间信仰团体自发组织并探索实行社会救济的道路，开始了自发的慈善救济服务。香港有几个历史悠久的本土慈善机构，早于1850年初，圣公会已经在香港设立了孤儿院，这是后来“圣基道儿童院”的前身。1860年天主教嘉诺撒会在香港开设弃婴收容所，德国基督教宣教士1897年在香港开设心光盲人院，青年会及女青年会分别在1901年和1902年在香港成立。1936年开办教会服务中心（Social Service Center of the Churches）提供家庭个

案服务，其后该机构在1947年改组成为今日的香港社会服务联会①。

在第一次世界大战期间，心光盲人院视障服务仍然继续运作直至1919年，之后便由教堂传教协会及德国教会信托接办。在战后，香港社会稳定下来，而心光盲人院在1956年于教育署注册，并正式定名为“心光书院”，开始接受政府的资助，书院之前所有的经费，都是来自德国喜迪堪会。在1968年，心光成为公益金会员，到了1995年，“心光盲人院暨学校”更注册成为一间有限公司。

另一间为失聪人士服务的“真铎启喑学校”（现名：真铎学校），是由三位已故基督教外国传教士宝兴怿女士、龙福英女士及黎理悦女士于1935年创立，李绿华女士受聘为校长。由于当时失聪儿童求学都必须往外地去，否则便一生也没有学习的机会，于是，传教士决定差派当时香港圣士提反女子中学的高才生李绿华女士，前往内地山东省烟台市烟台启喑学校去学习教授听觉受损儿童的方法。在她学成归港后，也就开始了首间本地失聪学童的教育服务。这间全日制听障学童“特殊学校”在创校时只有6名学生；后来，由于家长们开始知道听障学童若能及早进入听障学童学校，是可以学会说话的，自此，学生人数便不断增加。

学校在1993年2月及1998年9月分别成立了小学部及中学部，从此便转型为提供融合教育之支持服务，目的是为就读于主流学校的弱听学童提供学业、语言及社会适应的辅导，巩固其学习基础、口语沟通及社交能力，从而让他们在主流学校的学习上获得更大效益。学校的支持部又设有驻校服务及新界的巡回中心，为就读于主流学校的弱听融合学生及其家长提供服务。为了使失聪儿童更容易融入社会，学校决定拓展服务，开始增加“主流教育班级”。到了2004年9月，改名为“真铎学校”，并由小一开始收录健听主流部学生，主流部每班人数约25－27人。学校一直肩负着“一个也不能放弃，孩子皆可成才”的教育使命，以“信、望、爱”的精神来培

① 吴水丽. 香港基督教的社会服务〔J〕. 社会创业家，第50期，2012－6－20：41－42.

育失聪儿童。要实践这样的理念，学校所提供的是要让不同潜能的学生享有优质的课程及教学环境，并在洋溢着师生及朋辈关爱的校园中成长。学校到现在仍提供全日制的中学弱听学童特殊教育，以及课余支持服务。

20 世纪中期前后，由于抗日战争爆发，大批躲避战火难民涌入香港，教会需要应对大量的难民基本需求，对难民的救济客观上促进了教会社会福利的迅速发展，教会开始设立各种专门性救助的社会福利机构。在这几年间，成立了大大小小的机构，主要都是为了协助难民适应逃避战火的生活：基督教社会服务总社（1937 年）、基督教华南浸信会赈灾会（1938 年）、香港难童工读院（1939 年）、粤港基督教国难筹赈会（1939 年）、基督教华南战时儿童教养会（1940 年）。还有香港华人基督教联会组织了“国难筹赈会”接待有需要周赈的同胞，并且给祖国提供支持。直到 1941 年年底香港沦陷，难民逃回内地，一些外籍人士亦遭禁锢，香港教会只能停止了对社会救济的工作。1937 年创立的“基督教社会服务总社”，服务对象为难民，为难民提供住宿和膳食，为难民寻找工作岗位，帮助难民返回家乡，一年的救助高达万人。

宗教社会服务迅速发展的另外一个原因是国际教会在这一时期开始对香港的教会组织投入大量的人力、物力、财力资源，国外教会拥有庞大的网络体系、拥有极强的募捐能力和海外资源，在社会救济方面，每年为香港运来源源不断的物资，其救助能力远远高于当时的殖民地政府。社会福利的类型与模式也在国外教会的支持下逐渐增多。教会社会福利以社会救济、难民服务、房屋安置为主，但随着香港社会的逐步稳定，不同类型的现代社会福利项目如职业训练、寄养服务、特殊学校、幼儿中心、青少年小组工作、社区组织等亦开始经由教会服务机构引入香港①。

总之，宗教社会服务发展初期有两个基本特点：（1）殖民地

① 朱峰．当代香港基督教社会福利事业述评〔J〕．福建师范大学学报（哲学社会科学版），2008（6）．

政府不承担或很少承担社会服务的责任，香港基督教社会服务的物力财力主要来源于国外教会，社会服务的类型主要是实行基本的社会救济，社会服务的模式也通过教会向西方国家借鉴，包括社会福利在内的一系列教会政策掌握在传教士手中。(2) 社会福利事业处于基础的比较零散阶段，缺乏系统化、组织化、专门化的模式，服务层次比较低，主要停留在以慈善救济为主的阶段，组织管理方面主要依赖于教会组织，可以说这一阶段的社会服务是依附于教会的。

二、香港慈善与宗教社会服务本土化时期及其特征

20 世纪 70 年代到 90 年代是慈善与宗教社会服务的本土化时期，这一时期香港本土的工作者开始逐渐接管由教会所控制的社会福利事业。与此同时，香港政府在 70 年代调整了福利政策，逐渐认可慈善与宗教社会福利在社会服务方面的积极作用。1972 年，香港政府正式宣布实行社会工作专业化，规定凡从事社会福利服务的社会工作人员必须接受社会工作专业训练，并在 1973 年发表了一份“香港福利未来发展计划”白皮书，厘定了政府跟志愿机构的伙伴关系。

到了 20 世纪 80 年代，因为社会问题开始变得复杂，社会工作者意识到若要社会服务成熟起来，便要进一步走向专业化。因此，基督教兴办的社会服务中心也就发展成为现代而专业化的社会服务机构，服务的分类变得仔细。

20 世纪 80 - 90 年代，面对“九七”所带来的转变，不少慈善与宗教团体开始对香港社会和中国内地的认同增加。慈善与宗教社会服务机构一方面继续专注于关怀香港的弱势社群，也同时留意中国内地对于社会服务的需要。近年来，已有不少相关的教育和研讨工作，来加强两地在社会服务专业上的交流。期望可以将香港过去所累积的经验和成果，带到内地跟同有抱负的社会服务者分享，从而在中国社会服务的发展路上一起参与和努力。

这一时期慈善与宗教社会服务的发展特点可以归纳如下：（1）西方教会势力的淡出，本地慈善与宗教机构更多地依靠自给自足满足社会服务的需求，逐步探索出本土化发展的道路，政府主动参与福利政策的承担，与香港本地慈善与宗教机构之间初步建立以伙伴关系为基础的二元合作机制；（2）慈善与宗教机构的社会福利层次提高，覆盖范围更广泛，服务种类增多，服务水平更专业，福利目标由满足最基本的需求向满足服务对象自尊、自我实现等高层次的目标迈进。

三、慈善与宗教社会服务深化调整时期及其特征

回归以来，“一国两制”从科学的理论变成了成功的实践，为香港慈善与宗教机构继续从事社会福利服务奠定了制度性保障。服务社会和造福人群的社会使命仍然是慈善与宗教机构头等重要的优先领域和参与社会生活的基本途径。但是，随着20世纪90年代末世界社会福利制度出现“市场化”的明显趋势，影响到香港社会福利的发展理念。更重要的是，由于港英统治末期社会福利开支长期以“两位数字增长”，对公共财政造成了严重负担，政府开始酝酿社会福利制度改革。回归后，面对金融风暴对政府财政能力和民生的影响，特区政府落实了各项改革措施，主要是改变对专业服务机构的拨款资助制度。2000年开始咨询实施新的“整笔拨款”制度，强化对服务团体工作的质量评估和社会监督。这项改革措施得到了多数慈善与宗教服务团体的支持。慈善与宗教社会服务在政府的支持下不断探索新的发展道路，遵循自下而上的发展模式下，以民众的需求为出发点，这种自下而上的发展模式，极其有利于慈善与宗教社会服务的创新与改革。驻校社工、邻舍层面社区发展计划、残疾人士就业支持以及对拆迁户、新移民的社工服务，都是通过NGO的社会触角所启动的服务项目，紧跟时代需要的创新服务项目不断涌现，

社会问题在早期得到社工关注与介入，保持社会稳定发展①。

香港特区政府中央政策组的一项调查显示：全港共有9300多个社会组织，它们为香港经营了83%的小学、100%的特殊学校，管理超过100间医院与健康中心，提供了超过七成的社会服务。香港人平均每人每年接受社会组织的服务4.3次，位居世界前列②。

香港回归之后慈善与宗教社会服务的发展特点是政府始终支持社会服务的发展，并与慈善与宗教社会服务组织保持良好的合作关系，伴随着社会工作专业化的发展，慈善与宗教社会服务逐步走向正规化、职业化；慈善与宗教社会服务组织在发展中不断在民众的需求与政府福利政策的调整基础上创新与改革。

第三节　香港慈善与宗教社会服务的现状、类型、特征

一、现实状况概述

香港慈善与宗教团体的社会服务遍及儿童福利、康复与医疗卫生服务、安老服务、残疾人服务、失业人员再培训、违法者服务、问题青年辅导等各个方面，设有很多的社会服务机构。

比起其他宗教服务组织开办的服务，基督教和天主教所开办的服务要多。据香港特区政府2012年9月的统计资料，天主教会开办的医疗及社会服务机构，包括6间医院、12间诊疗所、42间社会及家庭服务中心、19间宿舍、14间安老院、25间康复服务中心以及多个自助会社和协会。

另据统计，2003年，基督教有社区中心、家庭服务中心、青年中心等共227所，日间护理中心74所，儿童中心17所，安老院35所，老人中心106所，失聪人士学校2所，失明人士学校1所，弱

① 梁佩瑶．香港社会服务模式〔J〕．广东民政，2009（9）．

② 同上。

智和残疾人士训练学校 47 所，以及营地 15 个，涵盖了特区政府社会福利署规定的家庭与儿童福利、社会保障、安老保障、康复与医务社会服务、违法者服务、社区发展、青少年服务等多项内容①。

香港的基督教团营办的院校有：香港中文大学崇基学院、香港浸会大学、香港岭南学院。还拥有 180 所中学、199 所小学、260 所幼儿园、35 所神学院和圣经学院以及 16 间基督教出版社、57 间基督教书店。基督教团体亦开办 7 间医院、17 间诊疗所和 107 家综合社会福利机构，在各区提供多种服务，包括社区服务中心、儿童院、老人服务中心、服务弱智、残疾、吸毒等人士的复康中心、医院牧事工及营办营所。

二、香港慈善与宗教社会服务模式类型

按照服务提供主体的不同，香港的宗教社会服务模式大致可以分为四种类别，即超宗派合作性模式、超宗派独立性模式、宗派承办服务模式、教堂承办服务模式。

（一）超宗派合作性模式

这类服务由跨宗派的合作性机构提供，隶属教会机构，是不分宗派的，但又与教会联合性组织关系密切。例如华人基督教联会办的老人院、香港基督教服务处等都属此类。

香港基督教服务处成立于 1952 年，是一个不分宗派的基督教社会服务机构。1986 年，香港基督教服务处按公司法立案成为一间有限公司。如今，代表香港的各个教会“为全人的发展”而努力，承认每个人具有独特性和潜能，不仅为弱势人群提供服务，同时也热衷于推动市民回应与参与。服务处有同工 1801 人，全职社工 1265 人，兼职社工 536 人，每年服务支出 4 亿元港币，60% 的支出来源

① 朱峰．当代香港基督教社会福利事业述评〔J〕．福建师范大学学报（哲学社会科学版），2008（6）．

于特区政府的资金支持。在香港的7个地区设立16个服务单位，提供的服务包括儿童发展与教育、长者服务、家庭及社区服务、成长及社会康复、雇员支援服务、职业训练服务等。1996年成立了内地社会服务委员会，1998年制定参与国家社会福利发展为机构发展路向之一，向内地提供社会服务，如支持在职社工人才督导、志愿社工教育、支持社工服务机构能力建设、社会工作人才培育计划。

（二）超宗派独立性模式

这类服务的提供机构是不分宗派但又是独立的组织，与联合性的教会组织没有正式的关系，是由一些基督徒自发组织创办的，在服务理念上受基督教的影响，但是在机构的运作管理上完全不受教会组织的影响。这类机构有青年会、女青年会、基督教关怀无家者协会、基督教灵实协会，等等。

香港基督教女青年会是基督教女青年会下属的机构之一，创立于1920年3月10日，并是香港第一个妇女社团，创建初期所提供的服务主要包括：为劳工妇女开设平民夜校，提供教育及提升就业技能，并为初当人母的妇女提供育婴知识。经过近一个世纪的发展，已经成为一个多元化的社会服务机构。香港基督教女青年会属下服务单位共有74个，服务对象从幼儿至高龄老人，遍布香港、九龙、新界及离岛，会员人数超过3万人，义工人数超过1万人，每年服务超过300万人次。所提供的服务有妇女服务、青年及社区服务、教育服务、耆年服务、家庭服务。

（三）宗派承办社会服务

这类服务机构是以某一个宗派为依托向社会提供服务，其中又有较倾向协调性的，例如循道卫理联合教会的社会福利委员会；另一些则较注重直接管理的，例如路德会社会服务处、中国基督教播道会社会服务协调办事处、基督教香港信义会社会服务部服务协调处、循道卫理联合教会社会服务部等。

（四）堂会承办社会服务

堂会直接办理的机构诸如循道卫理联合教会爱华村社会服务中心、中华基督教会合一堂老人中心等。当中有些服务是较直接的、有些是较间接的。合一堂老年中心是中华基督教会合一堂下属的服务提供单位之一，其主要服务对象是长者，主要服务包括基本医疗护理、健康知识普及、健身娱乐活动、技能培训等。

三、香港慈善与宗教社会服务的特征

（一）服务模式多元化

香港的慈善与宗教社会服务依托于不同的兴办主体，每一种类型分别体现了各自独特的优势与特征，如超宗派的服务提供机构，更倾向于与更广阔范围内的国际教会合作，有着更多的资源获取能力，发展空间更为广阔，同时也有更强的创新和探索能力。宗派办理的机构能配合教会的活动，其提供的服务平均分布在宗派所辖区域内，服务的稳定性和计划性较强，易发展成区域广覆盖的局面。教堂承办的服务最大优势是与基层有需求的民众紧密的结合，容易做到按照需求去提供服务，服务的效能更高，同时能够有效地利用区域内的资源优势扬长避短，实现效率最大化。

（二）与政府之间亲密的合作机制

自从1965年香港政府发布首部社会福利白皮书，对社会服务作出规划，承认NGO的社会服务的地位和作用，慈善与宗教社会服务组织开始得到政府认可与资助，之后形成了政府与社会服务组织合作办福利的局面。香港的慈善与宗教社会服务发展经历了自下而上的发展路径，最初由NGO本着机构的信念和专长，自筹资金，先导性地针对社会问题做试点社会服务项目，到一定阶段总结经验教训，向社会发布报告，倡议及促使政府将新的社会服务项目纳入规划。

政府适时与NGO互动，制定社会服务中长期发展蓝图，将NGO的试点项目在全港推广，并予以资助，这种自下而上的发展模式，极其有利于创新社会服务[①]。从需求出发和与政府合作相结合促进了资源的优化配置并且避免了社会服务行政化倾向。

第四节　前景与挑战

香港是一个极其关注民众福利的社会，从20世纪60年代政府着手推进社会福利起，香港的社会福利事业有了快速的发展：一方面因为政府的资金和政策支持为慈善与宗教社会服务提供了强大的物质保障；另一方面社会工作的专业化为慈善与宗教社会服务提供技能与人才。社会服务的长足发展达到了缓和社会矛盾、安定社会秩序的预期目的，官办民营的社会福利推进方式使慈善与宗教社会服务在香港遍及各个领域，发挥了不可或缺的作用。在2008/2009年度，政府拨出的社会福利经费共391.69亿港元，其中288亿港元为社会保障开支，16.34亿港元为社会福利署直接服务开支，87.38亿港元给支持机构提供各类服务。在政府的支持下，慈善与宗教社会服务机构将在促进自身成长、促进社会和谐稳定方面继续发挥作用。

香港慈善与宗教社会服务的发展在时代要求下有着广阔的发展前景，同时因为面临着诸多的挑战，需要进一步探索。

首先，香港慈善与宗教组织在香港社会事务和政治活动中有很强的影响力，各个机构有不同的历史传统和文化背景，价值观念和政治立场也不尽相同。香港政府一向以包容性很强的态度对待宗教，在社会福利上发展合作伙伴关系，政府不希望宗教社会服务团体过多干预政治，或者成为政治博弈的工具。

其次，经济的发展与社会的变迁催生更多的服务需求，慈善与

① 梁佩瑶．香港社会服务模式〔J〕．广东民政，2009（9）．

宗教社会服务团体在需求的刺激和政府的支持下日益壮大，为了追求项目发展的资金来源，提供更高层次的服务，很多慈善与宗教社会服务团体兴办营利性机构用以组织的正常运转。营利性机构的组织决策往往因为疏忽出现与政府决策不协调的情况。因此，对于如何规范慈善与宗教社会服务团体的行为，还需要进一步探索。

第九章　香港社会工作教育

社会工作教育是20世纪人类文明的一项重要成就，它在促进人类的平等、正义、公义、互助、互爱、人权等方面作出了伟大的贡献。社会工作教育一方面培训大量专业社会工作者，从事与社会福利或服务的相关工作；另一方面关注个人需要和社会问题，倡导社会公义，提议政府制定相关政策，发展各类社会服务，通过专业社会工作者帮助个人、家庭或团体克服困境，发展潜能，并促使人与人之间、个体与社会或国家之间，减少摩擦、消除隔膜，互相关怀、彼此尊重①。

在华人社会中，香港的社会工作及社会工作教育一直走在前沿。一是因其有较为悠久的历史，香港自第二次世界大战后，即设有社会工作专业，而社会工作教育，亦始于20世纪50年代初，迄今已逾60年；二来其发展过程也反映出东西文化的交会以及全球化和本土化融合的特色。在社会工作、社会福利学者和社会服务界人士的努力下，香港无论在研究、著述还是专业教育的课程设计、教学方法、评估以及事务教育各方面均有显著成效，其社会工作教育的推行也积累了相当丰富的经验。

本章旨在探讨香港社会工作教育，共包括四部分，包括香港社工教育的发展背景与历程，社会工作教育的使命与目标，社会工作

---

① 周永新. 社会工作学新论〔M〕. 香港：商务印书馆，1998：57－72.

教育的学制与课程内容，最后评述香港社会工作教育的特色及对内地社工教育的启示。

第一节　香港社会工作教育的发展背景与历程

香港社会工作教育的发展与香港社会工作和社会福利事业的发展息息相关。在此我们结合香港社会工作事业的发展，梳理社会工作教育的发展背景与历程。

一、20 世纪 50 年代至 60 年代初

在香港，社会工作的发展始于第二次世界大战后，当时香港正面临着巨大改变。第二次世界大战后的香港吸纳了大批来自中国内地的居民。当时所谓的难民均是较为贫困、居无定所且缺乏教育的人，因此房屋、贫穷、教育问题纷纷呈现。针对这些问题，香港 20 世纪 50 年代的社会福利事业开始快速发展起来，很多国外社会福利机构也纷纷来到香港帮助解决问题. 当时的志愿团体主要做救灾扶贫工作，宗亲会及同乡会等也扮演着主要角色，慈善与宗教机构亦提供了不少援助与服务。50 年代，社会福利服务界面对的问题为贫穷、住屋、失学等。因此在 50 年代或以前，社会福利服务主要是提供救济或食物援助给予从中国内地逃难来港人士。

香港社工教育的发展也主要是从 50 年代开始的，那时正是香港社会福利事业蓬勃的时代。因为社会需求较大，社会福利事业发展也很迅猛，但并没有专业人士从事这些工作。事实上主要是没有受过专业训练的志愿者在从事社福、社工事业，受过训练的专业人士屈指可数，而且往往是政府派去英国接受短期培训后返回香港的人士，于是培训社会工作者的需求十分强烈。

港英政府于 1947 年 8 月，在华民政务署内成立了社会福利署，

专门负责社会救济的管理工作①。由此可见，基于当时的社会处境，50年代或以前的社会工作几乎等同为福利救济工作②。后来，社会福利办事处建议当时香港唯一的大学——香港大学，开办社会工作训练课程，培养本地社工，应对服务需求。经过讨论和筹备，香港大学的经济与政治学系于1950年9月开始，提供两项社工课程：证书课程（certificate course）和文凭课程（diploma course）。修读证书课程的学生需具备高等程度会考（俗称中七或大学预科公开试）的及格资格，学制为两年；而文凭课程的学生需要已经具备学士学位，因此相当于一种“后学士”（postgraduate diploma）文凭课程，专为大学毕业生而设③。在开办初期，文凭课程也是两年制，但由于不受大学毕业生欢迎，后改为一年制④。碍于资源有限，两项课程的收生人数合共只有十多人⑤。另外，当时尚未纳入香港中文大学的崇基学院于1952年成立，并通过社会学系提供社工文凭课程；稍后联合书院亦有提供类似课程⑥。随后，香港浸会学院的社会学系也于成立当年1956年就开始提供社工文凭课程⑦。由于香港大学是当时港英政府唯一认可的大学，其社工课程的毕业生享有较好的发展前景。其余私立学院虽未能与香港大学的毕业生获取同样资格，但对早期的社工教育和社工人才培训也作出了贡献。

---

① She, L.（1978）. The early development of social work education in Hong Kong. International Social Work, 11（4）, 31-43.

② Lee, T. C. Y.（1977）. The role of the social work profession in the development of social welfare in Hong Kong. Hong Kong Journal of Social Work, 11（2）, 2-5.

③ 香港大学. 香港大学社会工作与社会行政学系历史，http://www.socialwork.hku.hk/（2011年5月16日）。

④ She, L.（1978）. The early development of social work education in Hong Kong. International Social Work, 11（4）, 31-43.

⑤ 周永新. 社会福利12讲〔M〕. 香港：商务印书馆，1993.

⑥ 香港中文大学. 香港中文大学社会工作学系历史，http://web.swk.cuhk.edu.hk/?id=359（2011年5月22日）。

⑦ 香港浸会大学. 香港浸会大学社会工作学系介绍，http://sowk.hkbu.edu.hk/（2011年5月28日）。

二、20世纪60年代中至70年代末

20世纪60年代，香港经济好转，战后新生代也开始成为社会焦点，加之1967年暴动事件促使政府创办民政署，改善官民沟通，大力推展青少年暑期活动。70年代麦理浩港督主政就任港督的10年，是香港社会服务发展最迅速和蓬勃的时代。九年义务制教育开始执行，居民社会意识提高，社会日趋复杂，政府在经济盈余情况下，大力发展社会福利服务以改善市民生活。亦首次确定社会工作的专业地位，社会服务如青少年个人服务、社区发展、伤残人士康复服务以及家庭服务均有长足发展。

随着社工服务内容的转变，自20世纪60年代中期开始，社工人力短缺的问题逐渐凸显。根据社会工作训练咨询委员会对社工人力的预估，单是1966—1971年这5年间，全港需要额外439名社工，而1971年以后的人力需求则更为迫切①。上文提到社会工作教育必须配合社会对社会工作人士的需求，这是毋庸置疑的。因此，60年代中后期对香港社工教育发展有着特别的意义，随着经济起飞与社会需求的增加，政府与志愿福利机构不但对社工人数的需求大增，亦希望提高社工的素质。

60年代，政府相继邀请多位海外社工专家来港参与社工事业建设。1960年的杨哈斯班博士来港，并于当年提交报告，建议加强课程学理及社工教育在设施和资源的投入②。1963年另外三位海外顾

---

① Advisory Committee on Social Work Training Manpower Planning (ACSWT) (1976). *Report of the advisory committee on social work training for the year* 1975 – 76. Hong Kong: Hong Kong Government Printer.

② Younghusband, E. (1972). Some comments on proposals for a two – year social work course. Hong Kong: Government Printer.

问，也建议政府考虑能否让其他私立学院也担当训练社工的角色①。

基于这些报告，香港大学于1967年正式成立独立的社会工作学系，并于同年取消社工证书课程，转为学士学位的训练课程，开始招收社会工作学士。当时香港大学的本科学制为三年，因此，第一届社工学士应该是于1970年毕业。1972年文凭课程延长为两年，于1974年成为香港首个社会工作硕士课程。除香港大学外，由崇基学院、新亚书院和联合书院三所院校组成的香港中文大学也于1963年正式成立，并开始招收社工学士学生。由于香港大学和中文大学是得到政府认可的大学，故政府亦承认其社工毕业生的资历，因此他们得以受聘于政府的社会福利署、医务卫生署等政府部门，也可受聘于其他政府资助的志愿福利机构。因而反过来看，当时这两所大学的社工课程，带有颇为重要的任务——配合政府的社工人力需求。

除了邀请专家来参与社工事业建设，并为社工教育出谋划策，社会福利署也经常拨款邀请外国专家来担任顾问和举办研讨会，加强现职训练。当时英、美两国的社会福利与社会工作训练正是蓬勃开展，随着外国资金及社工人才来港设立志愿机构，他们的工作方法及教学教材，也对香港社会工作教育的早期发展产生深远的影响。

20世纪70年代是社会工作发展的黄金时期，香港的社工事业和社工教育都进入了迅速发展阶段。一是因为那时香港经济大幅度好转，政府可以有更多的资源投入到社会事务中，大力发展社会福利事业。二是因为社会矛盾和问题的涌现，特别是1967年的香港大动乱，使当时政府认识到参与暴乱的大部分青年人都是没有职业，未受社会关注、缺乏系统活动来组织他们。因此，香港大力发展了大量的青少年活动中心，来应付这个社会的具体问题。后来针对不同的社会问题，相应发展了许多社会福利工作，为家庭、青少年、老

---

① Chaisson, J. D., Klein, A., & Moscrop, M. (1963) *A training programme for social work in Hong Kong: Report on a training programme for social work with proposals for the future development of social work training in Hong Kong. Volume 1: Academic training.* Hong Kong: Acting Government Printer.

人等提供多方服务。

除了对社工人力有迫切需求以外，还有一项重要因素促进了社工教育的发展。20 世纪 70 年代初政府规定所有从事社会工作的人士均要有社会工作方面的培训，也就是受政府认可的大学的社会工作学位。也就是说在社会福利署里一些相应职位的编制是要以社会工作教育为前提的。而且政府还希望把社工人力分层：上层是拥有社工学位的社工，下层则为拥有非大学社工训练的福利助理员。前者负责较为专业的工作，后者则负责协助前者，提供辅助性的工作。这种规定促进了社会工作教育的发展。很多已经从事多年社会工作的人亦要回来受教育，他们需要拿到一个专业资格，才可重新从事社会工作。这对社会工作者而言是一个十分重要的分水岭。

1970 年，政府再度邀请 Younghusband 来港检讨社工培训，他建议成立一所独立的社工训练学院来负责培训费学位的福利助理员①。因此，为了处理 70 年代及以后的社工人手短缺问题，除了要求港大和中文大学增加训练学额的策略外，港府属下的社会福利署于 1973 年成立社会工作训练学院，务求以更短的社工培训年期，供应社工专才，满足社会需求。社会工作学院的成立，一方面填补了 70 年代及以后的社工人力需求，更奠定了社工教育的两层体系。至 1977 年，学院合并入香港理工学院，成为理工学院的社会工作学系。此时期港大开设了硕士及博士课程，而中文大学亦开设了硕士课程，收取已有社工学士和实际社工经验的研究生，旨在培养社会福利机构的中阶领袖。到这个时期社工教育已渐趋完善。总的来说，在 70 年代，香港拥有完善的社工文凭教育、本科教育和研究生教育，并将社工教育与社工职业挂钩，以此来满足社会上对社会工作服务不同层面的需求。

---

① Younghusband, E. (1972). Some comments on proposals for a two – year social work course. Hong Kong: Government Printer.

三、20 世纪 80 年代至 90 年代

在 20 世纪 80 年代香港的社会服务渐具规模，由于资源的充足及服务单位数量不断增加，社会工作也愈来愈以服务为本位，相比之下少有开创性的服务。因此，香港社工人手短缺的问题，到 80 年代以后更为严重。造成社工人手短缺问题的主因是由于社会福利在 70 年代末及 80 年代初大幅发展，例如 1977 年发表的老人服务、青少年个人服务及康复工作的绿皮书，以及 1979 年发表的社会福利白皮书，都开启了不同服务领域的发展，以至于无论是政府的社会福利还是志愿机构，都需要更多的社工，包括学位社工及文凭社工。为了设法满足社工人力需求，政府临时加大名额，并鼓励院校开办不同类型的兼职课程，包括社工学士、硕士及文凭的兼读课程，让社会福利工作者能够在职进修。

1983 年香港理工学院开办了第一届社会工作学士课程，同时亦开办多种不同类型的文凭课程，包括夜间兼读课程。浸会学院也于 1986 年正式将过去开办多年的社工荣誉文凭课程，提升为社会工作学士课程。除此之外，城市理工学院也于 1984 年成立，社会工作便是其创校的其中一个课程。到 1993 年，浸会学院、理工学院（香港理工大学前身）和城市理工学院（香港城市大学前身）正式成为大学，具备合法权利和社会认可开办本科及以上的学位课程。

1980 年 7 月，新香港社会工作人员协会首次探讨有关成立一个专业社工注册制度的可行性。1984 年 11 月，联同香港社会工作者总工会，香港社会服务联会组成了“香港社会福利从业员注册联合工作小组”撰写首份建议书。1990 年 12 月，正式成立“香港社会福利专业人员注册局”，并开始接受专业社工自愿注册。此举有助于规范管理社工人员，有助于社工的专业化、职业化发展，也对社工教育产生了一定影响。

20 世纪 90 年代以后，社工教育再向高等学位方向提升。不少社

会工作博士毕业于香港大学，开始扩充香港其他社工学习的师资队伍。其他大学也相继开办社工硕士及以上的课程，同时一些面向社工学士的硕士课程也朝向专门化发展，如社会工作行政、精神健康、家庭工作、青少年工作等。值得一提的是，90 年后中国内地及台湾开始有学生到香港攻读社工硕士和博士学位。

在这个阶段，香港社会服务发展已达 40 年，累积了工作经验与方法。大专院校的学术研究也渐趋成熟，虽然课程结构仍带有欧美色彩，但课程内容已能西为中用，尽量本地化。外籍讲师数目显著减少，各社工科系的主要负责人都由本地人担当，有助于香港社工教育本土化。

四、1997 年至 2012 年

20 世纪 90 年代对社会工作而言是一个艰难的时期，社会工作除面临着政府日益缩减资源的压力外，也要面对日渐抬头的管理主义及应付日益加强的问责制度。由于 1997 年回归的关系，90 年代中期香港社工人力有一定的流失，社会福利署需要大量人手工作。但 1997 年后，香港的政治经济发展仍然相当稳定，大量社工回流，加上每年训练的社工人数不减，且社会福利署因亚洲金融风暴而停止招募人手，以致人手过剩，找寻工作比较困难。1997 年后，政府开始严格限制公共开支的增长，不仅公务员总人数从最高峰期的 20 多万人，削减至当前的 16 万人内；政府更是对受政府资助的福利机构实施“资助封顶”的整笔拨款（lum sum grant）措施，社工人力不再如前增长。20 世纪 90 年代后期香港社会工作者更意识到危机感，因而再着力于推动社会工作的专业化，希望以强制的注册制度来树立社会工作专业的公信力及专业的整体形象。根据 1997 年 6 月 6 日生效的《社会工作者注册条例》（《条例》），社会工作者注册局（Social Workers Registration Board，简称注册局）于 1998 年 1 月 16 日成立。作为一个法定机构，注册局财政独立，其权限受《条例》严格规管。《条例》的制定，旨在透过监管机制，监察社会工作者的素质，最终达致保障服务使用者及公众的利益。根据《条例》规定，任何不是名列注册记录册的人士无权使用“社会工作者”的名衔或其他相关描述的称谓[①]。

因而，这个阶段的社工教育面对的不再是如何配合增长，而是如何深化和优化社工教育的质素。经过90年代至21世纪初的发展，如今开设社会工作课程并受到香港社会工作者注册局认可的学校，包括香港大学、香港中文大学、香港理工学院、香港城市大学、香港浸会大学和香港树仁大学。相关院系名称虽然不尽相同，但全都围绕社会工作这一核心。另外，香港教育学院的社会科学副学士（社会工作）也于2010/2011年度起至2011/2012年度获得社会工作者注册局认可，也就是说其毕业生亦可如上述6所高校学生一样向社会工作者注册局申请成为正式的注册社工。截至2012年4月1日，香港的注册社工人数为17484人，其中拥有社会工作学位的有10794人，占61.74%；有社会工作文凭的有6552人，占37.47%[②]。

另外，近十多年间香港社工教育的一个显著特点便是研究院课程的逐步扩张。香港高校的研究生课程包括修读式（taught）与研究式（research），修读式一般只有硕士，通常为自费，研究式则包括硕士（Mphil）与博士（PhD），全职研究式学生通常可获政府资助。目前，社工专业对此类课程，尤其是修读式硕士课程（taught post-graduate programs）有很大需求。许多在职人士或有志于社工事业的人士，抱着充实和提高自身水准、解决工作中所遇到的问题与困惑的目的，返回学校自费攻读兼职或全职授课式课程，甚至是全职或兼职博士学位。同时，这也反映出各院校对社会工作研究院学术课程，以及高级专业培训的重视。由于中国内地对社工专才的渴求，

① 香港社会工作者注册局．社会工作者注册局简介，http：//www．swrb．org．hk/（2011年5月29日）。

② 香港社会工作者注册局．社会工作者注册局统计数字，http：//www．swrb．org．hk/（2012年10月23日）。

香港院校近年来也培养了不少来自内地的社工专业的硕士与博士，极大地丰富了内地社工教育师资队伍和社工人才队伍。

第二节 香港社会工作教育的使命与目标

谈及社会工作教育的使命，先要澄清社会工作的使命。当然，社工使命本身并不是不解自明的概念。除去社会差异，就算在同一地方，社工使命也未必一致①。探讨不同取向的社工价值观与使命不是本章重点，因此本章直接采纳社会工作者注册局的定义：社工的首要使命为协助有需要的人士及致力处理社会问题。社工尊重每一个人的独特价值和尊严，并不因个人的族裔、肤色、家庭/社会/国家本源、国籍、文化、出身、性别、年龄、语言、信仰、政治或其他主张、家庭/社会/经济地位、残疾、教育程度、对社会的贡献或性倾向而有所分别。社工相信每一个人都有发展的潜质，因而有责任鼓励及协助个人在顾及他人权益的情况下实现自我。社工有责任维护人权及促进社会公义。社工相信任何社会都应为其公民谋取最大的福祉。社工有责任更新、提升及运用本身的专业知识和技能去推动个人和社会的进步，务求每一个人都能尽量发挥自己的所能。社工认同人际关系的重要性，会尽力加强人际关系，务求维持、促进及提高个人、家庭、社团、机构、社群的福祉，帮助社会大众预防及减少困境与痛苦②。

社工教育服务于社工人力培养，因此作者认为香港各大院校的社工教育使命与目标，原则上应该不会与社工注册局相距甚远。关于社工教育使命与目标，具体地，在此以香港中文大学社会工作学系为例。社会工作学系以训练优质社会工作专业及学术人才、建立

---

① Lymbery, M. (2001). Social work at the crossroads. British Journal of Social Work, 31, 369 - 384.

② 香港社会工作者注册局. 注册社会工作者工作守则, http://www. swrb. org. hk/chiASP/draft_ cop_ c. asp (2011 年 6 月 2 日)。

与社会福利有关的知识，及对香港社会发展作出贡献为宗旨。本科课程的目标是培训对服务对象及社会公义有承担的专业社会工作人才。研究院课程则提供深造机会，培养社会福利界的专业及学术领袖。所有课程均着重培养学生独立及批判的思考能力，对社会工作专业的人文价值和伦理的认同，对社会弱势社群的关顾，以及对社会问题保持敏锐的触觉。该系致力发展成为华人社会工作教育及研究领域的领导中心。目的是培养具有基础专业知识的社工（研究院学部将负责对有经验的社工进行高级培训），致力于维护服务对象的福祉与社会公义。致力于培养学生的独立批判性思考能力，对人文价值以及社工专业道德的认同，并关注社会弱势群体，了解社会议题的最新情况。该系提供的社会工作学士课程获得香港社会工作者注册局的认可，学生们在毕业后可以申请成为注册社工。长远来说，他们将会担任社会福利机构的主管、社会服务经理、社会政策制定者和社会工作教育者/学者。为了加深学生对有需要的个人、家庭及社群的社会心理需求的理解，学系的课程非常重视听取服务对象对社会福利服务的设计、发展、实施及评估的意见。另外，鉴于东西方文化的差异，课程要求学生反思西方的知识和技能在本地的适切性。随着 1997 年香港回归祖国，香港社工学生需要认识内地的社会工作、社会福利和社会政策的发展，并审视香港社会工作者在其未来发展中的角色和贡献①。

另外，在价值观方面，社工教育除了培育知识和训练助人技巧外，还重视社工个人内涵的培养，包括个人的情操、对社会及对人的诚实、诚恳、关怀与尊重，并对社会公义的坚持。当然社工不是圣人，人总有失败软弱的时候，社工教育工作者也不是造就圣人的老师，但在教育过程中如何去培养有深度、具真诚、有情有义有智

① 香港中文大学．香港中文大学社会工作学系使命及系主任欢迎辞，http：//web. swk. cuhk. edu. hk/? id =358（2011 年 6 月 5 日）。

的社工，确实是社工教育的挑战①。

虽然如此，也有学者认为，社会工作使命在今天看来显得有点沉重，因为在全球化、新自由主义扩张乃至于贫富悬殊被视为必然的今天，很多社工对使命可能已经有些麻木。近年由于整笔拨款的限制，资金紧张，使得社工对现存制度不满，所以他们较为关心的仍然是前景及工作状况，社会公义还是处于社工的边缘位置②。香港的社工教育对社会改革这个使命似乎并不重视，导致在课程上，包括在实习安排、实习学习以及理论反思上，都不容易得到适当的配合。一项研究结果显示，大部分香港社工并不视乎发展社会公义和促进社会改革为社工的任务和使命③。从这个角度思考，社工教育和其他职业专业教育一样，都是以就业为最终目的，培训学生获取求职技能；而如果现实中，香港社会工作者并不追求更“高级”的社会工作使命的话，那社会工作教育也不会有特别之处。

第三节　香港社会工作教育的学制与课程内容

关于社工学位课程的学制，香港大学依英式大学教育传统，提供三年制的学位课程，中文大学起初却是依美式大学学制提供四年制的社工学位课程，而其学生的入学学历为中六程度，即有一年预科课程。但是现在中文大学的社工本科采用的是三年学制。社工文凭课程的学制则更为特殊，香港理工的两年制课程，浸会于20世纪80年代早期开始提供三年制课程，树仁学院则提供四年制课程，这些毕业生同样可受聘为社会工作助理；但只有港大、

① 赵维生．社会工作教育发展与反思：香港经验，载于梁丽清、陈启芳．知而行、行而知：香港社会工作教育的反思与探索〔M〕．香港：香港中文大学出版社，2008：3－22.

② 张超雄．整笔拨款对社福界同工影响研究报告，立法会张超雄议员办事处，2005.

③ Chiu, S. & Wong V.（1998）. From political to personal? Changing social work ideology and practice in Hong Kong. *International Social Work*, 41（3）, 277－291.

中大两所大学的社工毕业生可以受聘较高职级的助理社会工作主任。1984 年，香港城市理工学院成立，通过应用社会科学学习，提供两年制的社工文凭课程。1993 年，浸会大学、理工大学和城市大学正式成立，可以提供社工本科及以上的学位课程，并采用三年学制。2006 年，树仁大学成立，成为香港第一所获政府承认的私立大学，提供四年制的社工学位课程。根据特区政府的规划，香港的大学学制将于 2012 年由三年制全面改为四年制，也就是说，从 2012 年开始，香港的社会工作本科学制统一采用四年制。

目前，香港有 7 所不同的院校分别提供各类课程，培养社工一线工作者及社工行政人员（参见表 9－1）。各院校有 3 种不同层次的课程训练。第一类是高级文凭/副学士课程，招生的最低条件是高中毕业生，在课程中使他们获得一些社会及社会工作理念与技巧的基本知识，毕业后担当社会工作助理、主任助手的职务。课程的形式分为二年全日制和三至四年兼读制，以二年全日制为主。近年来，因为社工找工作比较难，所以高级文凭/副学士的毕业生，可以直接投考学士学位的课程，有工作经验的学生可能被优先录取。第二类是社工学士学位课程。在香港，社工学士学位被认为是社工专业训练的基础课程，各院校都有颁授。招生的最低条件是香港高级课程会考合格或社工文凭毕业。该课程的主要目的是培养一批前线工作者。课程的设置在理论基础及工作技巧方面比高级文凭课程丰富。课程形式一般是三年全日制或四年兼读制，以三年全日制为主。第三类是以授课型硕士以及研究型硕士博士，包括深造文凭、硕士和博士学位。授课型硕士通常是自费的，这类课程的目的是培养资深的前线工作者或行政工作人员。一般全职读书需要二年、在职读书需要三年。以研究为本的社工硕士或博士课程可获得政府资助，大学要求学生在修读若干门硕士、博士程度的科目之余，再完成一项专门的社会工作或社会福利/政策研究课题以获得硕士/博士学位。

表 9－1　　香港各高校社会工作课程一览

	香港大学	香港中文大学	香港理工大学	香港城市大学	香港浸会大学	香港树仁大学	香港教育学院
社工本科	1967	1963	1993	1993	1993	2006	2011
社工硕士	●	●	●	●	●		
研究型硕士、博士	●	●	●	●			

资料来源：香港各大高校社会工作院系网页资料，由作者整理。

虽然上文提到政府对社工教育有一定的控制，但这并不意味政府可以直接干预大学或其他高等院校的课程；反而大学在院校自主的前提下，对课程内容有近乎绝对的话语权。同时，大学的社工教育课程也需要根据政府对社工人力的需求而设置。因此社工教育与政府之间并不是单方面、静态的关系，而是互动与动态的模式。

社会工作的知识体系一直以来都不是封闭固化的，在过去的数十年间，它不断吸收和容纳其他学科的理论与知识，如社会学、心理学甚至经济学与管理学的新知识，再通过研究和实务，把这些知识融为社工知识体系的一部分。香港社工学者所取得的研究成果，在质与量上都是引人瞩目的，学者的研究工作也极大带动社工知识体系的发展和社工教育体系的进步。

香港社会工作的课程设计与选用教材早期皆源自于英美和加拿大，鲜有本地制作的材料。自 20 世纪 70 年代中期以后，在各院校从事社工教育的学者，开始整理本地的个案例子，作为训练同学之用；亦有根据本地社会政策文件，详加分析，用以引证或修改西方福利理论。至 90 年代初，有关本地社会政策及社工实务书籍的出版蔚然成风。讨论范围包括福利发展历史、政策分析、个人、小组及社区工作模式探讨、老人服务、青少年工作、社区发展、康复工作、家庭服务等。这类书籍的出版，遂使香港社会工作走上本地化的道路，有关训练亦能协助社工人员面对时代的挑战①。

上文提到，香港社会工作者注册局于1998年成为香港的法定机构，负责检查本地社会工作者和社会工作课程的质素。

香港高校的社会工作院系必须按照注册局的课程内容和设计要求，并经过审核程序，才能使其毕业生获取社工注册资格。根据注册局的认可课程评核准则，社工的训练及教育课程主要包含以下内容：

一、社会工作核心课程

1. 社会工作实务

指定科目/领域	基本构成/内容
社会工作理论与实务	（1）关于个人、小组、家庭、组织和社区的理论与实践 （2）整合社会工作实务 （3）社会工作技巧培训 （4）实务选修课
社工价值与伦理	（1）个人和专业发展 （2）社会工作价值与伦理 （3）伦理守则

2. 其他

指定科目/领域	基本构成/内容
社会福利体制与社会政策	（1）社会福利的视角与概念 （2）社会福利体制，包括香港、内地和其他主要国际社会 （3）社会政策和社会服务

① 周永新．社会工作学新论〔M〕．香港：商务印书馆，1998：57－72．

续表

指定科目/领域	基本构成/内容
人类行为与社会环境	（1）生命周期发展 （2）人类行为和多样性 （3）人类行为与社会环境
社会行政与管理	（1）社会计划和发展 （2）机构管理——模式与过程 （3）项目计划、管理和评估

二、非核心课程

指定科目/领域	基本构成/内容
社会科学与人文知识	（1）社会学 （2）心理学 （3）其他内容，包括经济学、政治学、哲学、历史等
研究与社会调查	（1）社会研究与调查的基本知识与技巧 （2）研究的使用与应用
法律知识	关于社会工作实务的基本法律知识与视角
沟通技巧	（1）自我认知和人际沟通 （2）社会工作实务语言应用

资料来源：香港社会工作者注册局官方网站，由作者翻译整理。

上文是以社会工作核心课程和非核心课程为划分标准的课程设计，接下来我们再以香港大学的社会工作本科的核心课程为例，从不同年份来看其课程设计。

除此之外，社会工作本科的选修课程还包括：高级实务模式、当代社会问题、社工实务领域、问题与干预四类选修课范畴。香港大学社工本科学生须修满 180 个学分方可毕业，其中至少有 120 学分需由社会工作与社会行政学系提供，也就是要从以上这些课程中选择。

社会工作硕士课程旨在提供既全面又专门的社会工作深造课程，为社会工作培养管理人才。现在香港高校大多实行的是两年全职或三年兼职学制；且在学术课程与训练之外，还要完成 900 小时的社会工作实习。以香港大学 MSW 为例，学生要修完 10 门必修课，包

	第一年（Year 1）社会科学知识	第二年（Year 2）社工理论与实践整合	第三年（Year 3）专业提升
课程	社会工作概论	社会服务研究Ⅰ：方法	法律与社会行政
	人类行为与社会环境Ⅰ	社会服务研究Ⅱ：分析与应用	社会服务机构管理
	了解自己，了解世界	社会工作实习原理Ⅰ	高级社会工作实务I
	社会福利体制与社会政策	社会工作实习原理Ⅱ	高级社会工作实务I
	社会科学专业英语	人类行为与社会环境Ⅱ	社会工作实习Ⅰ
	社会科学学生实用汉语	社会工作实验室Ⅰ & Ⅱ	社会工作实习Ⅱ
	心理学概论	社会工作专业写作技巧	
	社会学概论		

资料来源：香港大学官方网站，编者翻译整理。

括：社会政策与行政、社会工作理论与实践、人类行为与社会环境、社会工作的社会科学理论、社会工作研究、社会工作者的法律基础课程、变态心理学、社会工作专业写作、社会服务管理、沟通与帮助技能概论以及两门社工实务选修课程，两次社工实习（共计900小时），一篇毕业论文或两门选修课①。

通常我们认为社会工作教育主要包括理论知识学习和实务工作两个重要领域：前者通常在课堂进行，后者则需要在社会服务机构实习。社会工作的知识体系涉及心理学、社会学、经济、管理整治与文化等，强调人与社会环境互动的关系，涵盖微观至宏观的层面。在社会工作教育中，理论知识和实务实践作为两大范畴，是相辅相成不可分割的。通过对社会工作本科和硕士课程设置的介绍，我们也可以直观地发现，社会工作学科的一大特点就是较为充足的社工实习实践。

① 香港大学．社会工作与社会行政学系MSW项目介绍，http：//www. socialwork. hku. hk/html/programmes_ and_ admissions/MSW/introduction. htm（2011年6月8日）。

事实上，香港社会工作者注册局也非常重视社会工作实习的规范。在香港社会工作教育中，社工实习向来都是重要的一部分。

在此以香港中文大学为例。香港中文大学的社会工作课程致力于让学生获得社工知识，以及通过实习来应用理论知识。学生不但有机会学习到适当的、最新的社工知识去理解帮助个人、家庭、团体和社会，更可以通过实习实验室、机构探访和实习把知识应用出来。实习工作教育是专业培训里一个必要及宝贵的部分。为了拓宽学生的专业视野，该校鼓励学生在香港、北京、四川、广州、台湾、新加坡和加拿大的温哥华和卡尔加里进行实习。中文大学社会工作实习课程旨在提供实务工作的实习机会，让同学在导师的督导下发展他们的专业态度及技巧，使他们成为独立及专业的助人工作者。本科生的实习课程共有两个主要范畴，分别为实习实验及实习指导。实习实验是实习指导的先修课程。它主要的目的是准备学生善用实习工作。这个课程强调协助学生了解实习工作的意义及重要性、学习社会工作实务所需的基本沟通及解决问题技巧及增强学生对在实习过程中可能遇到的不同服务对象，特别是社会上弱势社群的需要及情况的细心体察。每位学生在二年级及三年级的时期，将分两次被安排前往不同类型的社会服务机构实习。实习工作的主要目的是帮助学生学以致用，将理论结合到实际的应用上；提供机会给他们体验社会工作者真实的工作经历，及促使他们在毕业后能更独立和有效地从事助人的工作。学校亦会在合适的情况下，为学生安排海外实习机会，以开阔学生的国际视野。自 2001 年至 2002 年始，该系曾为学生提供到广州及加拿大的实习机会①。

第四节 香港社会工作教育特色及其对内地的启示

香港具有独特的历史，受中西文化交流影响，仿效欧美社会福

① 香港中文大学．香港中文大学社会工作学系系主任欢迎辞及本科生课程介绍，http：//web. swk. cuhk. edu. hk/（2011 年 6 月 7 日）。

利制度，并运用其社会工作教育模式于华人地区，其发展社会工作的主要目的之一就是要将传统的中国慈善事业规范化，以西方那种尊重个人权益和尊严的概念融入社工服务，希望消除施与受之间的不平等社会现象。

回顾社会工作教育在过去60年间的发展，有两个颇为重要的特征。第一，由于政府是香港社会福利服务最主要的财政来源，因此政府在社会福利上投放的资源多寡，直接影响着机构对社工人力的需求。而政府在过去数十年的政策规划，都是以经济发展为主导，社会福利作为调和经济发展所产生的社会问题和矛盾的工具。而香港经济大体保持良好发展且政府财政保有盈余，社会福利计划逐步增长。因此，社会对社工人力的需求，在1960年至1997年的30多年间，除了短暂时间的例外，大致都维持在增长的格局，而社工教育也应社会的需求做出培训社工的配合，一直呈现扩张与发展的趋势。而1997年之后，情况有所变化，且社工人力供求也已经得到了满足甚至饱和，因此这个阶段的社工教育开始着重提高素质，配合日益多样化和复杂的社会问题与社会需求。第二，在20世纪80年代前，政府严格控制社工教育的提供者，通过财政资助要求政府承认的大学开办社工课程以培训社工；另外，也通过政府的限制政策，控制其他专科学院所提供的社工课程。因此社工管理人员事实上主要是由本地大学所培养。这一方面可以有效地控制社会工作者的质素，但实际上也是为港英政府“净化”公务员。因此我们可以认为，社工人力需求和政府控制可以说是过去几十年来社会工作教育的主要特征[①]。

香港社会工作教育的发展是与本地的社会、政治、经济、人口、社会福利等诸多方面密切相关的。社会工作教育并非一个独立的封闭式体系；相反，它的存在、内容与发展，都与社会的政治经济形

---

① 赵维生．社会工作教育发展与反思：香港经验，载于梁丽清，陈启芳．知而行、行而知：香港社会工作教育的反思与探索〔M〕．香港：香港中文大学出版社，2008：3－22．

势及发展息息相关。一方面说明社会工作并非独立存在，而是受不同时期的政治经济因素而界定。另外，社会工作被定义的内容，也在影响社工教育的内涵。因为社工教育是在回应社会的问题与需要，而这些又是与社会、政治、经济的发展密切相关的。回顾香港社会工作教育的形成和发展，就可以清晰地观察出这样的脉络。

社工教育虽然受社会经济政治环境的制约，但却不是完全消极与被动，因为社工教育体系本身也在不同程度上型塑与重塑社会工作的内容与功能。通过社工教育的过程，建立社会工作者对社会现况的把握甚至批判，从而改变社会工作的内涵与外延。也就是说，社会工作教育一方面存在于现有的社会政治经济框架，配合已有的社会问题与需要，并提供社工人力；另一方面，社工教育也要不断反思和开拓，解决既定问题和需要，重构社会工作的内容与功能。这种互动一直贯穿于香港社会工作教育 60 年的发展。

经过 60 年的发展，通过社工、社福界先贤和同仁的努力，香港社工教育无论在研究、知识发展以及本地化，乃至社工课程及培训方面，都取得了长足的进步。现在香港的社工教育不但为本地培养优秀的社工人才，也为邻近地区，包括内地、台湾和澳门甚至是周边国家和地区，培养社工学者和老师。香港特殊而先进的经验很值得内地参考。探讨香港社工教育的发展不但有助于了解本地的情况、困难与矛盾，也能在华人社会提出崭新的观点，借以推动社工教育的进一步发展。

现代社会出现的变迁急剧而无法捉摸。转变所涵盖的不仅是人们的物质生活，还包括他们的精神生活、人与人之间的关系，和社会上的文化传统和价值观念等。社会工作的社会意义，就是在这变迁的环境中，为个人和社会提供一点稳定的力量，使个人生活得更充实，社会也可保持和谐和融洽①。如今，作为一个高度发达的国际大都市和特别行政区，随着社会急速的转变与发展，在香港，个人、

---

① 周永新. 社会工作学新论〔M〕. 香港：商务印书馆，1998：57－72.

家庭、团体和社区面对的问题都日趋复杂。而且由于市场化和管理主义等的全球浪潮，在过去的10年间，作为培育和提升社工人才的摇篮，社会工作教育也经历了前所未有的挑战与变革。香港社会工作及教育事业所遇到的问题和挑战，正是内地和其他国家（地区）在城市化、现代化的过程中可能面临的，从这个意义上说，香港社会工作教育相应而作出的变革，也是值得我们借鉴的。

内地的社会工作起步较晚，近年来内地的社会工作才迎来了迟到的春天。中共十六届六中全会也提出，“要建设宏大的社会工作人才队伍。造就一支结构合理、素质优良的社会工作人才队伍，是构建社会主义和谐社会的迫切需要。”目前内地有多家院校设立了社会工作专业，呈现出一派勃勃生机。但由于内地的社会工作基础较差，发展时间短，因此在社会工作教育方面仍存在着大量亟待解决的问题。通过与现今香港社会工作教育体制的比较，笔者认为，以下五点值得注意：第一，要提高社会工作教育的质量，须首先保证师资队伍的质素。内地目前从事社会工作教育的师资队伍多由相关学科的专业人士组成，不仅自身未经历过专业化的社会工作正规训练，而且对社会工作的课程设置也不甚明了，所传授的理论与实践与社会工作可能相距甚远。而保证社工教育质量的先决条件之一，就是一支优良的师资队伍。第二，保证社会工作实习的质量。限于国内社会工作实习场地的可及性，无论从时间还是质量上，社工实习都未及理想，学生在课堂上学到的知识还难以有施展的空间。第三，从统一监管层面来看，内地还缺乏一个类似香港社会工作者注册局的专业法定机构，来规范各院校社会工作文凭和学位的课程设置与质量标准。第四，香港社会工作教育发展的飞跃，产生于政府大力重视社会福利事业的背景之上。第五，香港社工教育得到重视，是与政府要求社工、社福前线人员需有社工文凭或学位密切相关的。目前内地还没有相关规定，而且短期内出台如此规定可能也有一定难度；但从长期来看，此举可以提高社工人员的素质，并规范社工行业的管理。

参考文献

一、外文

Advisory Committee on Social Work Training Manpower Planning (ACSWT) (1976). Report of the advisory committee on social work training for the year 1975 – 1976. Hong Kong: Hong Kong Government Printer.

Chaisson, J. D., Klein, A., & Moscrop, M. (1963) A training programme for social work in Hong Kong: Report on a training programme for social work with proposals for the future development of social work training in Hong Kong. Volume 1: Academic training. Hong Kong: Acting Government Printer.

Chiu, S. & Wong V. (1998). From political to personal? Changing social work ideology and practice in Hong Kong. International Social Work. 41 (3), 277 –291.

Fredrica D. Kramer; Demetra Smith Nightingale; John Trutko ; Shayne Spaulding; Burt S. Barnow. *Faith – Based Organizations Providing Employment and Training Services: A Preliminary Exploration.* Distributed by ERIC Clearinghouse, 2002.

Government Secretariat (1977). *Development of personal social work among young people in Hong Kong*. Hong Kong: Government Printer.

Harold, Ho. (1980). Social Welfare Development in Hong Kong in the 1970s: A Cursory Review. *Hong Kong Journal of Social Work*, Vol. 14 (1), 13 – 17.

Hong Kong Government (1965). *Aims and policy for social welfare in Hong Kong.* Hong Kong: Government Printer.

Lee, T. C. Y. (1977). The role of the social work profession in the development of social welfare in Hong Kong. *Hong Kong Journal of Social Work*. 11 (2), 2 - 5.

Lymbery, M. (2001). Social work at the crossroads. *British Journal of Social Work*. 31, 369 - 384.

Newbery, P. (2007). *A history of youth work in Hong Kong*. Hong Kong: Youth Outreach.

Ng, A. (1975). *Social causes of violent crimes among young offenders in Hong Kong*. Hong Kong: Social Research Centre, The Chinese University of Hong Kong.

Peter, Hodge. (1993). Expectations and Dilemmas of Social Welfare in Hong Kong. *Hong Kong Journal of Social Work*, Vol. 27 (2), 3 - 11.

She, L. (1978). The early development of social work education in Hong Kong. *International Social Work*. 11 (4), 31 - 43.

Social Workers Registration Board (2006), Principles, *Criteria and Standards for Recognizing Qualifications in Social Work for Registration of Registered Social Workers*. http: //www. swrb. org. hk/chiasp/criteria_ c. asp.

Social Welfare Department (1980). *The five year plan for social welfare development in Hong Kong Review* 1980. Hong Kong: The Government Printer.

Working Party on Review of Children and Youth Centre Services (1994). *Report on review of children and youth center services*. Hong Kong: Government Printer.

Younghusband, E. (1972). *Some comments on proposals for a two - year social work course*. Hong Kong: Government Printer.

Younghusband, E. (1960). *Training for social work in Hong Kong: A report prepared for the Government of Hong Kong*. Hong Kong: Government Printer.

二、中文

陈锦棠等. 香港受资助非政府机构董事会探讨研究报告书，香港特区政府，2000.

陈天权. 香港历史系列〔M〕. 香港：明报出版社，2010.

成元君，陈锦棠. 经验与启示：香港民间社会组织的发展〔J〕. 学习与实践，2009 - 11.

丁华. 整合与综合化——香港养老服务体系改革的新趋势及其借鉴〔J〕. 西北人口，2007 - 28 (1).

关礼雄. 日占时期的香港〔M〕. 香港：三联书店，2006.

黄威廉，赵维生，颜文雄. 香港社会工作的挑战〔M〕. 香港：集贤社，1985.

黄耀明. 社区康复模式及本土化发展策略探讨〔J〕. 漳州师范学院学报（哲学社会科学版），2007（1）.

基督教香港信义会. 社会服务部学校社工组这一代——中学生辅导工作汇编，1993.

李瑞. 居家养老的社会工作介入研究——以武汉市为例〔D〕. 华中师范大学硕士学位论文，2010.

李永年. 香港青少年问题——21世纪初的现象剖析与对策〔M〕. 香港：香港大学出版社，2002.

李夏研. 香港问题青少年教育的特色〔J〕. 上海教育科研，2005（8）.

梁佩瑶. 香港社会服务模式〔J〕. 广东民政，2009（9）.

刘春燕，杨罗观翠. 社会性别主流化：香港推动社会性别平等的经验及启示〔J〕. 妇女研究论丛，2007-1-1，总第78期.

刘蜀永. 简明香港史（新版）〔M〕. 香港：三联书店，2009.

吕大乐. 凝聚力量——香港非政府机构发展轨迹〔M〕. 香港：三联书店，2010.

卢锦华. 香港基督教社会工作：信仰与社会服务结合〔J〕. 香港：循道卫理，2001.

陆士桢. 青少年社会工作〔M〕. 北京：社会科学文献出版社，2005.

罗观翠，王军芳. 政府购买服务的香港经验和内地发展探讨〔J〕. 学习与实践，2008（9）.

莫泰基. 香港社区工作〔M〕. 中华书局，1995.

全国人大常委会. 中华人民共和国残疾人保障法，1990.

唐咏. 居家养老的国内外研究回顾〔J〕. 社会工作，2007（2）.

田北海，张晓霞. 近代以来香港老年社会福利模式转型的制度主义分析——兼论对内地福利制度改革的启示〔J〕. 江西社会科学，2008（2）.

王绍培. 发挥社工作用，促进社会和谐——访北京大学教授、著名社会学家王思斌〔N〕. 相关链接："香港民间社会工作机构总数达3800多家"，深圳特区报，2010-4-7-A12.

王裔艳，赵环. 香港护老者支援服务研究〔J〕. 人口与发展，2008-14-5.

文军. 社区青少年工作的国际比较研究〔M〕. 上海：华东理工大学出版社，2006.

文秋林. 香港“边青”工作对我们青少年工作的启示和思考〔J〕. 中国青年研究，2006（7）.

《外展》刊物委员会. 香港外展社会工作实录〔M〕. 香港：集贤社，1990.

吴水丽. 香港基督教的社会服务〔J〕. 社会创业家，2012－6－20.

吴水丽. 香港：社会工作专业化、职业化〔J〕. 中国社会福利，2007（1）.

吴亦明. 香港的社会工作及其运行机制〔J〕. 社会学研究，2002（1）.

肖明娟. 20世纪50年代至80年代香港妇女社团发展研究〔D〕. 华东师范大学优秀硕士论文，2004.

香港策略发展委员会社会发展及生活质素委员会2006年9月20日会议记录——为家庭提供的支援，文件编号CSD/SC/6/2006.

香港大学社会工作及社会行政学系顾问团. 构建有效家庭服务：综合家庭服务中心服务模式实施情况检讨，2010－2.

香港立法会2010年6月14日会议立法会秘书处拟备的背景资料简介：综合家庭服务中心，文件编号：立法会CB（2）1747/09－10（04）号文件.

香港立法会福利事务委员会执行家庭服务检讨建议中期报告（2003年11月10日讨论文件），文件编号；CB（2）257/03－04（02）号文件.

香港明爱苏莎伉俪综合家庭服务中心：男士成长中心资料.

香港明爱学校. 社会工作服务〔D〕. 点滴校园——学校社会工作文集，2002.

香港仁爱堂胡忠长者地区中心：培训资料.

香港仁爱堂：社会企业发展资料.

香港社会福利署〔M〕. 香港社会福利，香港特别行政区政府新闻处出版，2011.

香港特别行政区社会福利署〔R〕. 1996—1997社会福利署年报，1997.

香港特别行政区社会福利署〔R〕. 1997—1998社会福利署年报，1998.

香港社会服务联会. 社区发展工作资料汇篇2000至2010年——社区发展服务：承传、探索、蜕变〔G〕. 香港：圆桌文化，2010.

香港社会服务联会儿童及青年部. 踏入新纪元——青少年服务的挑战、蜕变与发展〔M〕. 香港：集贤社，1996.

香港社会民主基金会. 香港：上下求索，何去何从？〔M〕. 香港：青文书屋，2003.

香港政府. 关怀与分享——社会福利署40周年〔G〕. 香港特别行政区政府印务局，1998.

许宝强. 限富扶贫——富裕中的贫穷（新编）〔R〕. 香港：香港中大亚太研究所，2010.

颜文雄，赵维生，黄威廉. 香港社会政策的回响〔M〕. 香港：集贤社，1987.

游达裕，朱志强. 综合家庭服务中心前线社工的观点研究报告〔R〕. 2009.

赵维生. 社会工作教育发展与反思：香港经验〔M〕. 梁丽清，陈启芳. 知而行、行而知：香港社会工作教育的反思与探索，香港：香港中文大学出版社，2008.

张洪英. 社会工作教育及专业社会工作关系的透视〔J〕. 中国青年政治学院学报，2007（1）.

张友琴. 社会支持与社会支持网——弱势群体社会支持的工作模式初探〔J〕. 厦门大学学报（哲学社会科学版），2002（3）.

张著名. 香港社会工作的内容、特点及启示〔J〕. 福建省社会主义学院学报，2001（2）.

周永新. 香港社会福利的发展与政策〔M〕. 香港：大学出版印务公司，1980.

周永新. 社会福利的观念和制度〔M〕. 香港：中华书局（香港）有限公司，1990.

周永新. 社会福利12讲〔M〕. 香港：商务印书馆，1993.

周永新. 社会工作学新论〔M〕. 香港：商务印书馆，1998.

朱峰. 当代香港基督教社会福利事业述评〔J〕. 福建师范大学学报（哲学社会科学版），2008（6）.

庄晓芸. 香港青少年社会工作的经验及其启示〔J〕. 云南财经大学学报（社会科学版），2009（2）.

三、参考网站

保良局：http：//www. poleungkuk. org. hk/

残疾人士展能就业：http：//www. ability. org. hk/scindex. html

东华三院：http：//www. tungwah. org. hk

扶康会：http：//www. fuhong. org/lang_ chi/main. asp

妇女中心协会：http：//www. womencentre. org. hk

工业伤亡权益会：http：//www. ariav. org. hk

基督教服务处：http：//www. hkcs. org

监护委员会：http：//www. adultguardianship. org. hk/index. aspx

平等机会委员会：http：//www. eoc. org. hk

仁爱堂：http：//www. yot. org. hk/

社会服务联会网站：http：//www. hkcss. org. hk

小童群益会：http：//www. bgca. org. hk

香港安老事务委员会网站：http：//www. elderlycommission. gov. hk

香港残疾人奥委会暨伤残人士体育协会：http：//www. hkparalympic. org

香港城市大学：http：//www. cityu. edu. hk

香港大学：http：//www. socialwork. hku. hk

香港大学："社会工作与社会行政学系 MSW 项目介绍"

http：//www. socialwork. hku. hk/html/programmes _ and _ admissions/MSW/introduction. htm

香港大学："香港大学社会工作与社会行政学系历史"

http：//www. socialwork. hku. hk/

香港复康会：http：//www. rehabsociety. org. hk

香港妇女事务委员会：http：//www. women. gov. hk

香港公益金：http：//www. commchest. org/

香港基督教家庭服务中心：http：//www. cfsc. org. hk

香港家庭福利会网站：http：//www. hkfws. org. hk

香港浸会大学：http：//buwww. hkbu. edu. hk/eng/main/index. jsp

香港浸会大学："香港浸会大学社会工作学系介绍"，http：//sowk. hkbu. edu. hk/

香港教育学院：http：//www. ied. edu. hk

香港劳动与福利局网站：http：//www. lwb. gov. hk

香港理工大学：http：//www. polyu. edu. hk/cpa/polyu/index. php

香港盲人辅导会：http：//www. hksb. org. hk

香港明爱家庭服务网站：http：//family. caritas. org. hk

香港明爱青少年及社区服务网站：http：//ycs. caritas. org. hk

香港青年协会网站：http：//www. u21. org. hk

香港树仁大学：http：//www. hksyu. edu/

香港社会工作者注册局：http：//www. swrb. org. hk/

香港社会福利署：http：//www. swd. gov. hk/tc/index/

香港社会服务联会：http：//2011. hkcss. org. hk/index2011. asp

香港社会工作人员协会：http：//www. hkswa. org. hk/chi

香港社会工作者总工会：http：//www. hkswgu. org. hk

香港社会工作者注册局："社会工作者注册局简介"，http：//www. swrb. org. hk/

香港社会服务联会网站：http：//www. hkcss. org. hk

香港食物及卫生局：http：//www. fhb. gov. hk

香港特别行政区新闻处："宗教与风俗"，来源于香港特别行政区政府一站通网站（http：//www. gov. hk/tc/about/abouthk/factsheets/docs/religion. pdf）

香港社会工作者注册局："社会工作者注册局统计数字"，http：//www. swrb. org. hk/

香港社会工作者注册局："注册社会工作者工作守则"，http：//www. swrb. org. hk/chiASP/draft_ cop_ c. asp

香港统计处网站：http：//www. censtatd. gov. hk

香港协青社网站：http：//www. youthoutreach. org. hk/index

香港中文大学：http：//www. cuhk. edu. hk/chinese/index. html

香港中文大学："香港中文大学社会工作学系历史"，http：//web. swk. cuhk. edu. hk/? id =359

香港中文大学："香港中文大学社会工作学系使命及系主任欢迎辞"，http：//web. swk. cuhk. edu. hk/? id =358

香港中文大学："香港中文大学社会工作学系系主任欢迎辞及本科生课程介绍"，http：//web. swk. cuhk. edu. hk/

新妇女协进会：http：//www. aaf. org. hk

义务工作发展局：http：//www. avs. org. hk/main/cht

后记

经过编者的共同努力，这本书终于可以和大家见面了。香港社会工作的发展肇始于19世纪末的民间慈善服务，成熟于20世纪中后期。香港特殊的政治、文化和经济背景造就了香港社会工作别具一格的特色。作为一名香港本土的社会工作者，近年来，我愈来愈感觉到让更多的内地同仁了解香港社会工作服务是一份不可推卸的责任。然而现有介绍香港社会工作的著述多为英文，这为在祖国内地推广富有特色的香港社会工作带来诸多阻碍。为此，希望通过编撰这本中文的介绍香港社会工作的书来增进内地同仁对香港社会工作的认识，借此为内地社会工作的发展提供基础的参考经验，以为促进内地社会工作发展贡献自己的绵薄之力。

本书由内地同仁和香港社工共同编撰。各章作者如下：第一章由黄智雄撰写；第二章由苏存军撰写；第三章由李志伟撰写；第四、五章由孙成键撰写；第六、七章由徐从德撰写；第八章由吴限红、黄智雄撰写；第九章由郭瑜撰写。其中黄智雄为香港注册社工，其余各位作者均有香港社工学习或香港社工专业实习的经历。苏存军、徐从德和孙成键协助主编进行了全书通编工作。山东大学2012级社会工作专业硕士研究生马明玥帮助整理了文献注释和参考文献。

本书的编辑工作得到了中国社会出版社的大力支持和协助。感谢出版社向飞女士的努力使本书能够呈现在读者面前。

由于编者视角、背景和写作风格的不同，造成了本书各章节风格有别，侧重点有异，个别交叉领域也难免出现资料重复的情况。此外，由于参考资料较少，书中有些数据可能与实际情况存在偏差。我们真诚地希望读者能够多提宝贵意见和建议，以便日后修改。

黄智雄

2013 年 1 月

图书在版编目（CIP）数据

香港社会工作／黄智雄主编．－北京：中国社会出版社，2013.3

（境外社会工作介绍丛书）

ISBN 978－7－5087－4369－1

Ⅰ．①香…　Ⅱ．①黄…　Ⅲ．①社会工作－介绍－香港　Ⅳ．①D676.583.6

中国版本图书馆 CIP 数据核字（2013）第 048540 号

书　　名：香港社会工作
主　　编：黄智雄
责任编辑：向　飞　侯　钰

出版发行：中国社会出版社　　**邮政编码**：100032
通联方法：北京市西城区二龙路甲 33 号
电话：编辑部：（010）66016392
销售部：（010）66026806　　（010）66030260
（010）66020531　　（010）66060275
网　　址：www. shcbs. com. cn
经　　销：各地新华书店

印刷装订：中国电影出版社印刷厂
开　　本：170mm × 240mm　1／16
印　　张：15.25
字　　数：300 千字
版　　次：2013 年 3 月第 1 版
印　　次：2013 年 3 月第 1 次印刷
定　　价：35.00 元